## VIVA VALENZUELA

Rarely has a rookie phenom come so far, so fast in the baseball world. His success has exhilarated and enthralled fans all across America. In Mexico he is a national hero. What's his secret? His screwball? His pitching motion? His speed? His remarkable composure? Whatever it is, one thing is certain— Fernando Valenzuela is one of the most exciting athletes to come along in years.


## ¡FERNANDO!

Rara vez en un período tan breve un novato ha llegado tan lejos y alcanzado tanta fama en el mundo del béisbol. Su éxito ha deleitado a todos los aficionados del continente americano. En México es un ídolo nacional. ¿Cuál es su secreto? ¿Cuál es su táctica? ¿Cuál es su forma de lanzamiento? ¿Cuál es su admirable seguridad? ¿Cuálquier que ésta sea, una cosa es evidente—Fernando Valenzuela es uno de los atletas más sensacionales que, en los últimos años, se han visto.

D1158858

# FERNANDO!

*(in English and Spanish)*

## by Mike Littwin

*Translated by Julián Reyna*

BANTAM BOOKS
Toronto / New York / London / Sydney

FERNANDO!

*A Bantam Book/June 1981*

*Translated by Julián Reyna*

*All rights reserved.*
*Copyright © 1981 by Mike Littwin.*
*Cover photograph by Manny Millan*
*Courtesy of* Sports Illustrated.

ISBN 0-553-14040-X

*Published simultaneously in the United States and Canada*

---

*Bantam Books are published by Bantam Books, Inc. Its trademark,*
*consisting of the words "Bantam Books" and the portrayal of a*
*Bantam, is Registered in U.S. Patent and Trademark Office and in*
*other countries. Marca Registrada. Bantam Books, Inc., 666 Fifth*
*Avenue, New York, New York 10103.*

PRINTED IN THE UNITED STATES OF AMERICA

0 9 8 7 6 5 4 3 2 1

# Contents

# Fernando!

*(in English)*

# Chapter 1

It was difficult to associate the sounds with the picture. The scene on the tube was in a baseball stadium, but the sounds were definitely those of the bullring: roars of *"Olé!"* trumpets heralding the arrival of the matador, and mariachi music.

It was one of the 30-second promotional spots sponsored by the major leagues titled "Baseball Fever." These short films are televised between innings of ball games and are designed to convince the public that baseball is still the national pastime—and always will be. But this spot was unique; it featured a rookie pitcher who had started only eight games and who, up until a month before, had been virtually unknown to the American public.

The spot was a masterpiece of film editing. Set against the thunder of *"Olés,"* a figure in the uniform of the Los Angeles Dodgers strides to the mound with the dignity and determination of an overweight matador. He scuffs the mound a few times (much like a bull pawing the ground) and then rears back and effortlessly throws a strike to the first batter. As the cheers reach a crescendo against the blare of the trumpets, the film becomes a montage of fast cuts of the round-faced, lank-haired young ballplayer: batting, blowing bubble gum, taking snapshots of his teammates, exchanging the traditional Dodger "high five," and finally strutting off the mound as the *"Olés"* rise to a final feverish pitch. This film put the official seal on what had become known as "Fernando-mania."

When the Los Angeles Dodgers opened their 1981 season, there was no hint of the hysteria soon to follow. Rookie Fernando Valenzuela was the surprising opening-day starter against Houston that afternoon, Thursday, April 9. Most knew Fernando had pitched well in relief the final two weeks of the 1980 season and that he'd earned a spot in the starting rotation the following spring. But on opening day, there was concern among the fans; how could a youngster who had become the first-day starter only because of a bizarre series of injuries to the Dodger pitching staff handle the team that had won the division title the previous season?

There were no signs of anxiety in the Dodger clubhouse. Quite the opposite. Manager Tom Lasorda seemed totally at ease while entertaining Dodger fan Frank Sinatra in his office. Jerry Reuss, 18-game winner in 1980 and the scheduled opening day pitcher, when introduced to Sinatra, said, "I didn't catch the name."

Fernando showed even less concern. After batting practice, he lay down to rest on a trainer's table and, to his teammates' astonishment, actually fell asleep.

Fernando's peculiar walk from the dugout to the mound, back straight with his barrel chest and overfed stomach leading the way, was not yet familiar to Dodger fans. There were no *"Olés"* to hail his first appearance. After his first pitch, however, a screwball on the outside corner of the plate that Terry Puhl swung at and missed, the crowd roared with approval. Fernando gave up a hit that first inning to Craig Reynolds, but Reynolds never got past second. Fernando allowed the Astros a walk in the second, another in the third, an infield hit in the fourth, and nothing at all in the fifth. He was rolling along, putting nothing but zeros on Houston's line on the Dodger Stadium scoreboard. The fans began to realize they were witness to something special.

It had been less than two years since the Dodgers purchased Fernando's contract from Puebla, a team in the Mexican League. His major league experience was limited to 27 days and 17-2/3 innings of relief pitching. The Dodgers had moved to Los Angeles from Brooklyn in 1958, and no rookie had ever drawn the opening-day assignment.

Fernando was scheduled to pitch the third game of the Houston series, but the day before the opener, Reuss strained a muscle in his left calf during batting practice, and Burt Hooton, next in line, was suffering from a painful ingrown toenail. Two other starters, Bob Welch and Dave Goltz, were sidelined with minor aches and pains. Fernando had pitched 15 minutes of batting practice the day before. Dodger manager Lasorda then decided on his lineup for the following day. Fernando got the nod to go against the Astros.

The year before, when Fernando was pitching so well down the stretch, the team joke was that Fernando, who speaks no English, didn't realize what league he was in or to whom he was pitching all those strikes. But that joke wore thin awfully fast. Fernando didn't say much, but there was no doubt he knew exactly what he was doing. Although he was only 19 when he broke in, he had been working toward that goal as long as most ballplayers. He had just started a lot sooner.

Fernando was born November 1, 1960, in the small farming village of Etchohuaquila in the state of Sonora, Mexico, the youngest of 12 children. With six older brothers as instructors, Fernando learned the game of baseball before he could read or write. By the time he was 15, Fernando had signed his first professional contract. At 18, he had become property of the Dodgers; at 19, he was a big leaguer. At 20, he was to become an international sensation.

In 1981, his first season as a regular in the major leagues, crowds would mob him, photographers and reporters from around the world would hound him, and baseball games would set attendance records when he pitched. Fernando seemed to be erecting his own personal Hall of Fame.

Famed sports artist Leroy Neiman did the best job of capturing Fernando's physical and personal characteristics when he sketched him at Shea Stadium during a Dodger-Met game: the dumpy but coordinated body, seemingly lacking in muscle-tone but capable of great physical effort, the pie-shaped face crinkling around the dark, friendly eyes, the full mouth on the verge of a shy grin. Somehow the engaging warmth of this unsophisticated young man, who couldn't speak a word of English, worked its way from the pitcher's mound of the baseball stadium into the hearts of baseball fans everywhere.

The signs of his growing appeal could be detected on opening day. Fernando got in trouble in the sixth inning, a double by Cesar Cedeño putting runners on second and third with one out. Fernando got dangerous José Cruz to hit a soft liner to the shortstop and Art Howe to chop a grounder back to the mound. Fernando deftly scooped up the ball and threw Howe out at first. The roar of the crowd grew louder.

Fernando's formula seems to comprise several parts ability, one part desire, one part composure, and one part screwball. The screwball, an inverted curve, is a difficult pitch to master. It had taken Carl Hubbell, the Hall of Famer who invented the pitch, more than eight years to perfect it. In less than two years, Fernando had developed a scroogie that many were calling the best since Hubbell's.

As the Astros struggled just to make contact with the pitch, they were inclined to agree with that assessment. Fernando was getting stronger, his screwball more elusive. The Astros went down in order in the seventh and again in the eighth. The Dodgers had scored in the fourth on a Steve Garvey triple and a Ron Cey sacrifice fly and in the sixth when Pedro Guerrero's double scored Garvey from third. Fernando took a 2–0 lead into the ninth, and the ecstatic fans were certain by then that this would be a day to remember.

They were right. In the ninth inning, Cedeño popped up to second base on a screwball. José Cruz grounded to third, and the Dodgers were one out away from victory. The fans were standing and cheering, but then Art Howe singled to center, delaying the celebration. The rhythmic applause began again as Fernando got two quick strikes on Dave Roberts. The next pitch was a screwball. Roberts could only wave his bat. Strike three! Fernando was the winner, having thrown a five-hit shutout.

The celebration began. Catcher Mike Scioscia hugged his pitcher, and each of the Dodgers stopped by to offer Fernando congratulations. The crowd kept yelling his name, "Fernando, Fernando," and the echoes seemed to reverberate in Mexico as well. Fernando was a pitcher in the United States, but he already was a hero in his own country.

Slugger Reggie Smith said it all. "I've been playing pro ball for 20 years and I've never seen anything like him. The Big Fella in the sky has blessed him, touched him on the shoulder. He's just one of those people like a Willie Mays or a Hank Aaron."

*"Olé!"*

# Chapter 2

**Fernandomania** (fer näń do ma´ ni ə) n. 1. The
state of being mad about Fernando Valenzuela,
pitcher for the Los Angeles Dodgers. 2. A
disease for which there is no known cure. 3. A
disease of which no one wants to be cured.

**Fernandomania!** *Attendance*

Never in the history of baseball has a player had such
immediate impact on the game. Attendance figures tell
part of the story. In the first 10 games in which Fernando
appeared, the average attendance was 40,000 compared
to an average of 20,500 for all games played in the
National League during the same period. Fernando,
whose salary in 1981 is $42,500, has been a multimillion-
dollar bonanza for team owners. The Mets were averag-
ing 11,000 fans a game in early May when Fernando drew
39,848 to see him pitch. When the Dodgers once changed
their pitching rotation, they offered to exchange tickets of
those fans who had bought them under the impression
that Fernando would pitch on Tuesday instead of Monday, probably the first time a baseball club had ever taken
that action. As a matter of fact, the Dodgers are well on
their way to an all-time attendance record with over
1,000,000 paid admissions before June 1. Fernandomania
is rampant in the City of the Angels.

**Fernandomania!** *Media Hype*

At first, the media viewed Fernando as a curiosity.

His ungainly physique, bashful manner, Mexican birthplace, and dynamite screwball combined to make him good copy. That he couldn't speak English made Fernando even more intriguing. Of course, when a 20-year-old rookie is given an opening-day assignment, that's news. When he strutted off the mound with a shutout that day, that was man-bites-dog stuff in the sports pages. By the time he was 3–0 with two shutouts, Fernando was front-page material. Soon his likeness was on the covers of national magazines. Eventually, individual interviews with Fernando were prohibited; there simply wasn't enough time for him to meet all the requests and pitch, too. As one of his teammates said, "He doesn't even have the time to take a full wind-up."

The solution to his problem was to hold full-scale press conferences, an unprecedented measure in the baseball world. At Dodger Stadium, he'd hold one before the game and one after. When the Dodgers were on the road, they scheduled a press conference for their first day in each city, leaving Fernando free except for postgame interviews.

At press conferences, Jaime Jarrin, the Dodgers' announcer on their Spanish-speaking network, acting as interpreter, has succeeded in communicating Fernando's naïveté, humility, and graciousness. To the question asked most often during the winning streak "How long do you think your streak will last?" Fernando always came up with some version of "It has to end sooner or later" and usually gave the impression that he was less concerned about it than the questioner.

The media interest climaxed when the producers of "Good Morning, America" invited Fernando to appear on their show even though he couldn't speak any English. Fernando was scheduled but never showed. No one has been able to find out why, but a good guess is that his natural shyness overcame him at the last moment.

**Fernandomania!** *The Big Apple*

New York is media central, and when Fernando pitched there on May 8, the media from around the world centered on him. There were 200 credentialed press representatives for that game, a game that generated the largest impromptu international radio and television network coverage of an early-season baseball game. Sharing the same television feed were the Dodgers' network, a Mexican network with announcers stationed in Mexico City calling the game while watching it on a monitor, and a live crew from Venezuela. In addition, there were TV crews on hand from each major network and separate crews from the news and sports departments of each local station. It was a scene reminiscent of World Series games, and so were the ratings. KTTV in Los Angeles drew a 47 percent share on a Friday night. When Fernando made his first appearance on NBC's "Game of the Week," he earned the highest ratings of the season. The Mets' game was the first opportunity for Fernando's family to see him pitch on television. They huddled around the TV set in their small living room, but Fernando didn't have a chance to say, *"Hasta la vista, madre,"* or even, "Hi, mom." He was too busy spinning his fifth shutout.

## Fernandomania! *Weight Watching*

Fat *can* be beautiful. When Fernando came out of spring training, he weighed 190 pounds, overweight by at least 10 pounds by normal standards. Most players would have been put through a daily ordeal of calisthenics and dieting by the team trainer, but not Fernando. The Dodgers didn't want to tinker with the machinery that was working so efficiently.

During his eight-game victory stretch, Fernando's weight soared to 204 pounds without a murmur from the Dodger brass. But when he lost to Atlanta, the subject of Fernando's weight became a matter for high-echelon discussion.

It was finally decided that Fernando's food and beverage intake had to be curbed, and Mike Brito was given the responsibility of overseeing his diet. By the time he faced Atlanta for the second time, winning 5–2, he had lost four pounds and was down to a nice round figure,

200. The weight loss was accomplished by restricting Fernando to two meals a day, breakfast and dinner, and eliminating soft drinks, beer, and tortillas from his diet.

The Dodgers don't seem to care about the size of Fernando's waistline as long as he wins games. If he starts a new streak while he's still overweight, the Dodgers will probably arrange for a smorgasbord in the dugout.

**Fernandomania!** *A New Cheer*—Olé!

The giant color-TV screen behind the left-field stands at Dodger Stadium cuts to a shot of the pitcher's mound and shows only a pair of cleated feet doing some repair work. The picture grows larger and larger, showing next the legs and then the plump body. A few of the more knowledgeable fans begin to cheer. Suddenly, everyone's watching. Number 34 becomes visible on the screen, and the cheering builds. Finally, we see Fernando in his entirety, and the stadium erupts with a resounding *"Olé!"* It's a new cheer at the ballpark, and it follows Fernando from city to city. *Olé!* He's no bullfighter, but he throws a screwball that's as deadly as the matador's sword. *Olé!* Vin Scully, the Dodgers' famous play-by-play radio and TV announcer, describes the action. "Rafael Ramirez smashes a comebacker to the mound. Fernando has it, lobs the ball to Garvey. The game is over. He's won his ninth. *Olé!*" Cut again to the TV screen as it flashes alternately, "Viva" and "Fernando!" as Scully closes with *"Mucho gusto, Fernando!"*

**Fernandomania!** *Sex Symbol*

He may not look much like Robert Redford or even Erik Estrada, but Fernando has the girls saying more than *"Olé!"* Whenever Fernando pitches at Dodger Stadium, there are gaggles of teen-age girls, many of them Chicanas, who come to see their heart-throb perform. One smitten lass wearing a jersey with Fernando's number 34 on it, worked her way down through the stands, climbed over a fence, and ran on to the field to give Fernando an impassioned kiss. Fernando was either too stunned or too shy to respond. As she was led off the field by security guards, she probably didn't realize the full impact of her impetuous act. Fernando had been established as the sports world's newest—and most unlikely—sex symbol!

### Fernandomania!  *His First Clinic*

The flyer read, "A Day to Remember! Fernando's first appearance in the L.A. Community." Dodger players regularly give clinics, but this was Fernando's first. The Dodgers chose City Terrace Park in heavily Chicano East Los Angeles for his debut. An average clinic attracts maybe 350 people; approximately 3,000 showed up to see Fernando and four of his teammates. Fernando arrived in a sheriff's van and was herded through the mob by more than a dozen lawmen and security guards. When he finally was delivered to a makeshift podium, he was presented with a bouquet of roses.

The painfully shy Fernando hardly knew how to react to such an outpouring of love. There wasn't much he could do in the way of an actual clinic. He showed how he throws his screwball and occasionally said in quiet Spanish, "It's a pleasure for me to be here with you again." His father, Avelino, who was making his first visit to the United States, looked as bewildered as Fernando.

At the close of the clinic, more than 1,000 people lined up for his autograph. Eventually, Fernando tried to slip away by hiding in an unoccupied room marked "Women." He may as well have gone to the "Men's." Even there, his fans cornered him for his autograph.

### Fernandomania!  *"Fernandos"*

Got a Fernando baseball card? Wrap it in plastic and keep it out of reach of the dog—and the kids. Better yet, rush down to the bank and place it in the safe deposit box along with your jewels and stock certificates. Fernando cards, like all baseball cards, retail for one penny. Two weeks into the season, "Fernandos" were worth a dollar. According to the experts, a "Fernando" will be worth $5 faster than you can say "Valenzuela."

**Fernandomania!** *Collectibles*

The list of Fernando collectibles goes well beyond bubble-gum cards. There are also:

T-shirts. One of the big sellers features a large heart with a portrait of Fernando inside it. Not only eloquent in its simplicity, it is also, of course, bilingual.

Records. One is called "The Saga of Fernando." The label is, no kidding, Screwball Records.

Toy bulls. They are big or small, plastic or stuffed. Fernando's nickname, of course, is El Toro.

Banners. Everything from "Viva Fernando" to "We Love You, Fernando."

A real collectible is a baseball autographed by Fernando. It doesn't come easily. Among those who have requested one are Jo Lasorda, the manager's wife, and Miss Lillian, former President Carter's mother.

**Fernandomania!** *Endorsements*

It took a while, but Fernando finally got into Fernandomania, too. His agent, Antonio DeMarco, handles all the requests for endorsements and other merchandising deals. The first deal DeMarco signed was for Fernando posters. The arrangement guarantees Fernando $50,000, and that does not include the Mexican rights. Bubble gum, soft drinks, and automobile endorsements are all being considered by DeMarco, but the pressure for Fernando's name is so intense that DeMarco has chosen to proceed cautiously. Of one thing you can be sure, Fernando's name and face will be part of the advertising scene for some years to come.

*Note:* The poster company has printed 75,000 Fernando posters in the first printing, its largest printing ever. *Olé!*

**Fernandomania!** *The Case of the Missing Cards*

"Missing car" reports are a dime a dozen to the Los Angeles Police Department, but a "missing cards" report is probably unique. It happened right in the middle of Fernando's winning streak, much to the embarrassment

13

of the police. The department had ordered 100,000 Dodger baseball cards. Not anticipating Fernandomania, they ordered only 1,500 "Fernandos." The cards were lying around in boxes on the seventh floor of the downtown office. Upon checking the shipment, someone discovered that all 1,500 were missing—and only those 1,500.

The cards are used by the police department as good-will giveaways and bear the police insignia on the back. Cops walking the beat hand them out to neighborhood youngsters.

"It looks like someone has thrown us a nasty curve," said Lt. Dan Cooke, a police spokesman. But before a city-wide card hunt could be launched, the two culprits stepped forward and confessed. Two police officers had appropriated the entire allotment of Valenzuela cards to give them to Little League teams each sponsored. They didn't realize that no officer would be safe walking his beat "Fernandoless." They realize now. They had to return all 1,500 cards and settle for the rest of the Dodger roster.

**Fernandomania!**  *South of the Border*

As intense as is the interest in Fernando in the United States, it pales in comparison to what goes on in Mexico. When Fernando won his eighth straight game, he made front-page news in every Mexico City newspaper but one. A sample headline read, " Valenzuela Has Been Touched by God." Someone had a scoop!

BF (before Fernando), the Dodgers' Spanish-speaking network had only two outlets, both in the Los Angeles area. At last count, 27 Mexican radio stations from all over the country had joined the Dodgers' network. *Olé!*

**Fernandomania!**  *"El Toro"*

There seems to be no end to the hysteria. When the *Los Angeles Herald-Examiner* promoted a contest to give Fernando a nickname, it had 3,268 responses in two weeks. The winner was "El Toro," with 297 suggesting it. Unfortunately, that was the nickname already listed in the Dodgers' press guide, so the contest didn't accomplish much. Runnerups were more a tribute to Fernando's ability with a dinner plate than at home plate. "Tortilla Fats" and "Guacamole Grande" were two of the more colorful. *Olé!*

**Fernandomania!** *Down the Fernando Trail*

Pilgrimages to Fernando's birthplace in Etchohuaquila are in full swing. The media, of course, has been there in force, but many Fernando fans, curious about their hero's roots, have also made the trip down Fernando Trail. There are no signs yet in Etchohuaquila that say, "Fernando Durmió Aquí" (Fernando slept here), but practically every village with a ball field boasts "Fernando played here," and most of them are telling the truth.

**Fernandomania!** *Viva Fernando!*

He took us all by surprise. No one had ever seen anyone quite like Fernando before. At a time when many of our heroes are antiheroes, Fernando came on to the scene. He was naive, innocent, unspoiled. We saw that he was as surprised as anyone by his success and by the hysteria that has surrounded it. He's been a good sport through it all, and his fans appreciate his patience. Something like Fernandomania comes along only so often. It's to be enjoyed.

# Chapter 3

Fernando was delivered by a midwife in the home where his family still lives. The house, built about 30 years ago of whitewashed adobe with a roof of mud and sticks, is typical of those around it. A porch leads to the main room, which doubles as a family living room and boys' bedroom, and then to a hall, kitchen, and bedroom. When Fernando grew up with his six brothers and five sisters, he thought it a large house. Certainly, it was larger than some in the poor farming village of Etchohuaquila.

It's a hard land that lies inland from the Gulf of California and south of the fishing port of Guaymas. The terrain is rocky, cactus-covered desert interrupted only by farm plots, some large and productive but most small and difficult. There is a river that runs nearby Etchohuaquila, a village of perhaps 250, but there is no system of irrigation to water the crops.

When Fernando's father was a boy, he worked for a *patrón,* who owned all of what is now Etchohuaquila. Land reform in Mexico in 1917 started the process of changing many larger farms into *ejidos,* village lands communally held in the traditional Indian manner. The typical *ejido* consists of cultivated land, pasture land, and the *fundo legal,* or town site. The family plots cannot be sold, but they can be handed down from one generation to the next, making it important for children to remain on the land and accounting for the fact that all the Valenzuela sons except Fernando still live on the family farm.

There's no real government within the *ejido,* not even

a roadside sign to suggest it exists. One of the farmers acts as community leader and calls periodic meetings to discuss *ejido* business. It's not an easy place to live, but Fernando never considered himself deprived. In the village, there is a warmth and kinship and a strong feeling of community, a feeling that is evident whenever Fernando pitches. Everyone in Etchohuaquila gathers around the radio, cheering Fernando's every success and sharing in the warm glow of his victories. The children in the village can recite his record as they would their lessons. Fernando's childhood hero was Hector Espino, the Mexican Babe Ruth, who played in the Mexican Pacific Coast League. Fernando, whom some call the Mexican Sandy Koufax, is now the official hero of Etchohuaquila.

Electricity came to Etchohuaquila in the early 1970s. Otherwise, the village has changed very little since Fernando was born. The house remains virtually unchanged: paneless windows cut from the adobe walls; slate floors in the main room and on the porch; the other floors dirt fortified with rock. A large rock pile rests beside the house, a play area for the children. A bed in the main room doubles as a couch. The room's two chairs make a bed at night. A bare light bulb in each room is considered a modern convenience, as is the stove in the kitchen. There is no running water.

A single fragile wire leads from the Valenzuela home to a pole that doesn't look as if it could withstand a stiff wind. A more substantial wire goes from that pole to a transformer that serves the village. Electricity means a TV set in the living room and is a status symbol in the village. The house is more crowded now than when Fernando lived there; as many as 17 in the growing Valenzuela family share the modest living quarters. Two of Fernando's brothers are married and have children. Aside from Fernando, only two of the children have left the home. Two sisters are domestic servants in nearby Navojoa.

Fernando remembers well growing up in Etchohuaquila as the youngest of 12 children. On a typical early morning, the sky would still be black but etched in pink and blue colors as the tiny farm town stirred to life. On a warm night, Fernando, sharing a blanket with one of his six brothers, would make his bed outside, preferring the hard ground to the crowded mattress he would otherwise have shared.

Fernando would awake, as every morning, to the cock's crowing and the smell of home-brewed coffee. And every day Fernando would hear the trucks, their engines coughing dust as they bumped along the dirt-path roads of his village to pick up their loads of workers.

Among them were Fernando's older brothers, who were taken to larger farms nearby. Fernando was still too young for such work but old enough to dread its coming. After school, he was supposed to help his father and remaining brothers work the small plot, less than a half acre, behind their home. He first went to the field when he was 8, but Fernando was more inclined to play than work. As the youngest in the family, he was not expected to contribute much.

It was a short walk to the schoolhouse, but it's a short walk anywhere in Etchohuaquila. On his way to school, Fernando's route took him by an open square with a small building where a spare coin could be traded for a soda. It took him past truck-garden patches, perhaps two dozen adobe homes, much like his own, and a baseball field, the chalk lines of the basepaths hardly visible to the casual observer. The bases were put away, and there were no bleachers or backstop, but there was a scuffed pitcher's mound. A log lying parallel to the third base line served as a team bench. If it was an especially nice day, Fernando had to fight the temptation to detour past the school to the baseball diamond, and quite often he lost.

Although, Fernando was a good student, bright and quick to grasp his studies, there was only so much to learn in such a small school with so many children and so few resources. "My teachers knew I was playing baseball," he recalls. "They would come to my parents' home and tell them I had not gone to school that day." His father may have been unhappy that Fernando was missing school, but the fact was that as the head of a poor family, he had other, more pressing worries.

Most days when Fernando wasn't playing baseball, he could be found in a small grove of fruit trees. He would sit there, thinking and dreaming. He was a quiet boy and a serious one, which isn't at all unusual for a young man of Etchohuaquila. It is not a frivolous place, and the Mayan Indians, from whom he is descended, are not a frivolous people.

When he was about 10, Fernando would pick up stray baseballs and claim them as his own. His friends nicknamed him *Zurdo Róbales,* the Lefthanded Robber. By the time he was 13, nobody his age belonged on the same baseball field with Fernando. He could hit, he could throw, he could do anything. His oldest brother, Rafael, recalls, "Most of my brothers were good players, maybe a little lazy. But Fernando was different. He was a natural. I started thinking way back then that he could play someday in the United States."

Fernando knew of Hector Espino, and he listened to the Pacific Coast League games on the radio, but to play baseball in America was too big a dream for a young Mexican boy.

Fernando became one of seven Valenzuelas—the youngest, of course—on his home-town team. Baseball games are major events in small Mexican towns, with community pride riding on the outcome. It was up to the Valenzuelas to make Etchohuaquila proud.

The lineup featured an all-Valenzuela double-play combination, all-Valenzuela batters, nearly an all-Valenzuela team. Rafael pitched, Francisco played second, Daniel shortstop, Gerardo third, Manuel the outfield, and Avelino pitched in relief. Fernando was thought to be too young to pitch and was made a first baseman. But he knew he could pitch, and despite his timid nature, Fernando insisted he be given one chance. As you never forget your first kiss, Fernando remembers his first time on the mound in a regulation game. "How can I not remember?" he wonders. "I was 13. I pitched the first two innings, and I struck out two. They took me out because they said I was too young."

As the youngest, Fernando got only what was handed down. He was given the oldest glove and the most worn shoes, but when it came time to play, none of that mattered. The Valenzuela family is religious, as is most of the village, and church attendance is required, but baseball was almost a second religion to Fernando and his brothers. Their father, who knew little of the game, became a baseball fan and the team's most ardent rooter.

When Fernando was 15, he signed his first professional baseball contract with the Mexican League. Since that time, he has lived with his family only during short visits between seasons. However, despite having traveled thousands of miles from home and having lived in the most luxurious hotels, Fernando still considers the little adobe house in Etchohuaquila his home.

# Chapter 4

You don't become a sensation by age 20 unless you start early. Fernando got his first break when he was 15. It began innocently enough. In May 1976, Fernando was pitching in a regional baseball tournament in Navojoa for the *ejido* team, which had made it to the finals. Tired and perhaps overmatched, Fernando was crushed, 11–1, in the championship game by the home team.

Fernando had returned home when fate, in the person of Avelino Lucero, the Navojoa manager, intervened. Life would be never again be quite the same for Fernando. Lucero was on a committee of three to select an all-star team to play in the Sonora state tournament in Hermosillo.

"We each picked one pitcher, and I picked last," Lucero recalls. "When I said I wanted Fernando, the other two looked at me like I was crazy. 'Didn't you see him lose, 11–1?' they asked. Of course, I had. But I had seen him pitch the game before when he struck out 16. They argued with me, but I won the argument."

Fernando joined the all-stars, and Lucero became his first manager; it was the start of a relationship that continues to this day. Lucero is general manager of the baseball team in Navojoa; after Fernando's all-star stint, he signed him to his first professional contract. Even after Fernando became a major leaguer, he continued to play for Lucero's team, Los Mayos de Navojoa, in the off-season.

Fernando didn't actually learn of his selection to the

all-star team until his sister Dolores, who lives in Navojoa, read about it in the local newspaper. On the day of the game, Fernando was told to wait by the side of Highway 15, about a mile's walk from his house, where his teammates would pick him up at 8 A.M. on the way to Hermosillo. He got there four hours early. He had never before been away from home by himself. Understandably, he was more than a little nervous.

He didn't pitch in the first game of the state tournament, but in the second, with no outs, the bases loaded and the score tied, Lucero turned to Fernando and said, "Get out there." Fernando, who hadn't expected to pitch at all, looked around for a glove. He didn't have one of his own, and there wasn't a lefthander's mitt in sight. He grabbed a righthander's glove and ran to the mound. As Fernando warmed up with the wrong-handed glove, the crowd hooted derisively. Fernando was too frightened to be embarrassed. When he retired the side without allowing a run, the crowd gave him a standing ovation, or so the legend, according to Avelino Lucero, goes.

In the five-game series, Fernando relieved in four and won three of them. Not only did his team win the state championship, but also Fernando was named the series most valuable player and was selected for another all-star team that was scheduled to play in Argentina.

When he returned home, Fernando was offered a contract to play professional baseball for 5,000 pesos ($250) for three months. Fernando had dreamed of pitching for Navojoa in the Pacific Coast League, but he wasn't ready yet for that level of competition. Lucero assigned him to a farm club in Tepic, a mountain town 70 miles north of Puerto Vallarta. Fernando was happy to accept. He no longer had to worry about skipping school or working in the fields. He was a professional baseball player.

His mother and father went with him to the bus station, his mother in tears. Fernando had to struggle to keep back tears himself. He was frightened, but he was also eager to see what awaited him, so he said good-by to his parents and to Etchohuaquila.

By American standards, it is not an easy life in the Mexican League. It's a world of marathon bus rides and seedy hotel rooms. Everyday players get preferential seating on the bus. New players and subs double up in the seats or sleep on the floor during the not uncommon all-night rides. Veteran players are often unfriendly to younger ones, and Fernando, shy, anyway, learned to keep mostly to himself.

The Mexican League was established in the early 1920s and has fielded as many as 24 teams and as few as six. In 1948, the Mexican League raided the American big leagues and lured away such stars as Sal Maglie and Max Lanier. The jumpers were banned from baseball for five years, an action later rescinded. The raids ended long ago, and the two countries now cooperate. They play by the same rules and even wear similar uniforms.

There are some differences, however, aside from quality of play. No description of the Mexican League is complete without mention of Tampico. A set of railroad tracks runs across the outfield. No one seems to remember which came first, the ball park or the tracks, but they've coexisted since the mid-1940s.

During nearly every game in Tampico, a seaport on the Gulf of Mexico, an engine will pull up to a gate along the right-field line and toot its whistle. The umpire will call time out, someone will open the gate, and the train will slowly chug across the field and through another gate on the left-field line. The tracks are recessed and don't seem to hinder play. It's just one more fact of life in the rugged life of a Mexican League player.

The league attracts castoff Americans and upcoming youngsters from all over Mexico. With a summer league and winter league, Mexican baseball can offer its best players the equivalent of $50,000 a year. The winter league, which has many more American players, generally contains a better brand of baseball. As one American player put it, "It's major league; it just don't look like it."

Fernando didn't get to play much at Tepic. "I learned there," Fernando recalls. "Some of the men helped me, but it wasn't easy." After a winter in Tepic, he signed with

Puebla of the Mexican Central League to play summer ball. Puebla, the team that eventually sold Fernando's contract to the Dodgers, loaned him to Guanajuato, which was where Dodger scout Mike Brito first saw him. Fernando was primarily a relief pitcher and was 6-9, but was, at age 16, the league's strikeout leader with 91 in 96 innings.

Fernando kept changing uniforms, playing winter and summer. From Guanajuato, he went to play for San Luis de Rio Colorado, a team on the Arizona-Mexico border, and his record improved to 9-2. That winter, he wanted to play for Navojoa, but at 17 he was still considered too young. He went to Ocotlán instead and was 3-1 as a relief pitcher, but he was unhappy. He felt he was ready to be a starting pitcher.

The next summer, in 1979, he signed with Puebla again, for 7,000 pesos ($320). Again, he was loaned out, this time to the Yucatan Leones in southwest Mexico. This was the Mexican big leagues. He was 10-12 playing for the weakest-hitting team in the league. He struck out 152, including 15 in one game, and was named rookie of the year.

That was the year in which his contract was purchased by the Dodgers, but that didn't end his baseball career in Mexico. After he signed with the Dodgers, Fernando was finally allowed to pitch for Navojoa. In 1980, he was as big a success there as he would be the next summer in Los Angeles. He was 12-5 with an earned run average (ERA) of 1.65.

But if he was a major leaguer in two countries, Fernando was still a youngster in many ways. Severiano Talamante, a teammate of Fernando's at Navojoa and owner of three restaurants in town, took Fernando under his wing. "We still call him *muchacho* [boy]," Talamante says. "He needs a lot of people to help him with his confidence. I worry about him being so young and shy. His first year with the Dodgers, he felt very alone. He just stayed in the corner. But the next year, they gave him a pat on the back, a kind word. He needs that."

Fernando was so quiet when playing for Navojoa

that he was said to speak in sign language. A nod for yes, a shake of the head for no, and a *mas o menos,* (more or less) with appropriate hand movement.

Lucero, whose Navojoa team draws a full house of 6,000 each time Fernando pitches, hopes the Dodgers will continue to allow him to play winter ball in Mexico. Fernando hasn't said anything, but the odds are that he will be back in Navojoa when the winter season starts.

It was during his first years in the Mexican League that Fernando, lanky as a boy, began to put on weight. He took a liking to beer and developed an even greater appreciation for food. The Dodger trainer is talking about putting Fernando on a diet, but as Tommy Lasonda, no lightweight himself, says, "Babe Ruth did pretty good with a bulging waistline. Why fight success?"

# Chapter 5

Dodger scout Mike Brito is a short, portly man given to wearing natty hats and smoking fat cigars. Born in Havana, Cuba, Brito became the Dodgers' Mexican connection. He discovered Bobby Castillo there and got both Vic Davalillo and Von Joshua, who had been sent back to the Mexican League, another shot at the big leagues. Brito was a 21-year-old catcher when the Washington Senators signed him out of Cuba in 1955. He hurt his arm two years later and wandered around the minor leagues until he wound up playing in Mexico. In the mid-1970s, the Dodgers hired him as a scout.

On March 19, 1978, Brito says another scout gave him a tip on a shortstop, Lazara Uscanga, who played in the small central Mexican town of Silao, in the state of Guanajuato. He rushed right down only to find there were no hotel rooms available. So Brito, a resourceful man, found a place to bed down in the small, dusty town bus station. He put two chairs together to create a makeshift bed and the next day walked stiffly out to the ball field.

Now it's no easy thing to scout a player on the kind of ball field you find in a small Mexican town like Silao. There's no grass either in the infield or outfield, just hard dirt on which batted balls tend to take bad bounces, often off an infielder's chest. For the first four innings, Brito watched Uscanga and wondered what all the fuss was about. It looked as if he had wasted a trip as well as losing most of a night's sleep.

But then he noticed the pitcher for the opposing

26

team, Guanajuato. A lefty with a good fastball, he was striking out a lot of batters. Brito moved his seat to behind home plate where he could get a better view. "Who is this pitcher?" he asked. It was Fernando, and he was on top of his game that day. He showed his good curve and hit all the corners. One inning, when Silao loaded the bases against him with nobody out, he struck out the side. Brito couldn't wait to get to the Guanajuato clubhouse and talk to the youngster.

"I'm Mike Brito," he said.

Fernando nodded.

"I scout for the Dodgers."

Fernando nodded again.

"I like the way you pitch."

Fernando said only, *"Gracias."*

"How old are you?"

"Seventeen."

"Where are you from?"

"Sonora."

So it went, one-word answers or maybe just a smile or a nod. Brito wasn't discouraged, however; he wasn't looking for an actor. He remembers telling himself, *This could be what we're looking for. This could be the Mexican Sandy Koufax.*

Later, Brito learned Fernando knew who he was all along. Before the game, Brito had been announced, as visiting celebrities sometimes are.

"Were you worried because I was there?" Brito later asked Fernando.

"No, I justed wanted to do my best," he answered.

Since Fernando had done well enough and since his contract belonged to Puebla, Brito called up the team owner, Jaime Avella, a Volkswagen dealer who owns a half-dozen dealerships in Mexico City, to see what Fernando's asking price might be. "Call back in a few years," Avella said. "He's too young now. The Dodgers won't be willing to pay enough."

Brito sent back a glowing report, but it wasn't the first report on Fernando that had reached the Dodgers. Corito Varona, another Dodger scout, had filed a scouting report on Fernando the year before when Fernando was just 16. The Dodgers were definitely interested. So Brito followed Fernando for the rest of the summer, then on through winter ball, and into the following summer when Fernando was pitching for Yucatan. The trail grew hotter and hotter and Brito's reports brighter and brighter. The Dodgers sent Charlie Metro, their chief scout, down for a look. Finally, Al Campanis came to see for himself.

Among baseball men, few are considered to be a better judge of talent than Campanis. He knows the game of baseball, learned it at the knee of the Mahatma, the late Branch Rickey, whom he still calls Mr. Rickey and whom he quotes whenever he's given the chance.

The Dodgers are rated among the best two or three organizations in baseball, and at least part of that credit must go to Campanis. Many general managers wouldn't dream of making the trip to Mexico. Al wouldn't think of not going, even to Yucatan in the far south of Mexico.

He flew to Mérida, the capital of Yucatan, to meet Brito and to see Fernando pitch on a night in late June 1979. Campanis was impressed first of all by Fernando's poise, then by his fastball and curve. But what sold Campanis was when Fernando escaped a late-inning jam by striking out Earl Williams, who once hit 33 homers in the National League.

Campanis was prepared to talk with the Puebla owner, who had loaned Fernando out to Yucatan. As fate would have it, the owner, Jaime Avella, had left that day for Los Angeles. However, the owner's son, Vincente, was pleased to sit down with Campanis and listen to what he had to offer. The conversation was in Spanish, as Campanis speaks the language fluently, and they soon decided on a price of $110,000. The contract required Jaime Avella's signature, however, and Campanis returned to Los Angeles only to receive a phone call from Avella, Sr. "The price is too low," he told Campanis. "The Yankees have made an offer, and the price has gone up."

No one said what the Yankees actually offered, but

it's thought that it was less than $100,000. Campanis didn't haggle, however. He offered another $10,000, and the deal was finalized for $120,000. On July 6, 1979, Fernando became the property of the Los Angeles Dodgers.

Then there was the Valenzuela family. Any baseball scout knows that it's at least as important to be on good terms with the parents of a prospect as with the youngster himself. Brito became a familiar figure driving down Etchohuaquila's dirt roads, en route to visit the Valenzuelas. The entire family soon considered him a friend and came to trust him implicitly.

"Take good care of my boy," said Fernando's mother, Hemeregilda, to Brito. "He's my baby, and I worry about him. He doesn't speak any English. He's never been out of Mexico. Will you take care of him?"

"Don't worry," Brito said. "I'll look after him. He'll be all right. I promise."

Brito kept his word. He accompanied Fernando to Lodi, California, the first of two minor league stops before his arrival in Los Angeles. Later, he visited him in San Antonio and in Phoenix, where Fernando played in the Arizona Instructional League. When Fernando played winter ball in Navojoa, he had Brito for a manager. When Fernando came to play for the Dodgers, he moved into a small house behind Brito's, ate meals with the Brito family, and became part of the family. Brito didn't disappoint Fernando's mother.

There was one final loose end, and that was Fernando. He had a girl friend, his very first, in Yucatan, whom he had to leave behind. That wasn't easy, but nothing would keep him from playing in *los Estados Unidos*—except, maybe, a passport. Fernando didn't have one, nor did he have a birth certificate. After much red tape, he got a copy of his birth certificate in Navojoa and then a passport. Finally, Fernando, age 18, was to make good the prediction his brother Rafael had made five years before.

Brito often talks about the night he bedded down on those two chairs in the bus station. Now he says, "I'd go to sleep in the jungle with snakes crawling all around me to find another Fernando." But, he adds, "A player like Fernando comes along only once every 15 years. Everyone likes to be popular, and thanks to God and to him, I am. I would be lying if I told you I didn't like the attention." Since anyone who wants to talk to Fernando must talk to Mike Brito, Brito is getting more attention than he ever bargained for.

# Chapter 6

Carl Hubbell, the Hall of Fame pitcher for the old New York Giants, is credited with introducing the inverted curve, which he called a screwball because the motion reminded him of a turning screw. Hubbell was playing for a Class A farm team in Oklahoma City when he started to throw it, quite by accident. He noticed that batters were having a tough time hitting it. However, it took him a while to convince anyone that he and his strange way of pitching were fit for major league competition. For eight years, he beat the bushes, waiting for a break.

By 1934, the year of the second major league All-Star Game, the screwball was an established pitch, and Hubbell was the acknowledged best pitcher in the National League. On a midsummer day at the Polo Grounds, his home field, Hubbell made baseball history by striking out Babe Ruth, Lou Gehrig, Jimmy Foxx, Al Simmons, and Joe Cronin, five of baseball's all-time greats, with screwballs. Hubbell, along with his screwball, carved a permanent spot in baseball lore.

"I never claimed I invented the pitch," Hubbell said, "because all it is is a backward curve. Somewhere, sometime, somebody might have thought that if a man could throw a curve, he could throw a reverse curve. But I've never heard of anyone doing it before I did."

Hubbell, a spry 76, was a part-time scout for the San Francisco Giants when Fernando was sent in the fall of 1979 to Scottsdale, Arizona, for a 60-day stint in the Arizona Instructional League. Al Campanis had requested that Bobby Castillo go to Arizona to teach Fernando the screwball. When Hubbell, who lived in nearby Mesa, heard that some youngster was fooling around with his pitch, he decided to check out Fernando.

On a day when Fernando was pitching, Hubbell and a friend went to the game. Impressed by what he saw, Hubbell leaned over to his friend and said, "Best screwball since mine. He's a natural."

Of course, there's nothing "natural" about a screwball. As Hubbell has often said, nature didn't intend for a man to turn his hand that way throwing rocks at a bear. And when Fernando soaks his aching arm in a bucket of ice after pitching, he undoubtedly echoes that sentiment even though he may never have heard the words.

Thrown by a lefthander like Fernando, the screwball is a curve that breaks away from, rather than into, a righthanded hitter. Generally, it breaks downward as well, but what makes it so difficult to hit, aside from the unusual rotation of the ball, is its speed, or, rather, its lack of speed. Fernando's fastball, which he throws with virtually the same motion as the screwball, travels approximately 90 miles an hour; it takes about a half second for his fastball to travel from the pitcher's mound to home plate, 60 feet, 6 inches away. His normal screwball has been timed at 79 m.p.h., his changeup off the screwball, which has proven to be nearly impossible to hit, at 70 m.p.h.

Why don't more pitchers throw the screwball? The answer is twofold: one, it's difficult to control; two, it puts a tremendous strain on a normal throwing arm. Hubbell's arm is bent, and not just with old age. A screwball, when thrown, comes out of the back of the hand with a wrist snap. The pitcher is going against the grain, throwing from the back instead of the front. With his unusually "loose" arm, Fernando can turn his wrist so that when the ball comes over the top in his motion, he can give it the spin that makes it break. But even under the best of conditions, the screwball ranks with the knuckleball as the most difficult pitch to learn and to control.

When Campanis, one to protect an investment,

scouted Fernando, then pitching for Lodi in a game in Reno, he saw a pitcher he rated "just fair," one who needed improvement if he was going to make it in the majors. His best pitch was a good curve, and he had a barely adequate fastball, "short" by major league standards. He needed a changeup, and Campanis wondered whether a screwball would do the trick.

Several Dodgers previously had some success with the screwball before Fernando, especially relief pitchers Jim Brewer and Mike Marshall. If the pitch wasn't a Dodger trademark, at least it was in the playbook.

When the season was over at Lodi, Campanis ordered Fernando to report to the Instructional League along with the other Dodger youngsters. As soon as the camp opened, Campanis was on the phone to Ron Perranoski, the Dodgers' minor league pitching instructor. "We're going to teach Valenzuela the screwball," Campanis said. "I'll send Castillo down as soon as the season is over."

"Babo," as Castillo is known to his teammates, is a Los Angeles-born Chicano who broke in as a third baseman in the Kansas City organization. He had gone to Mexico in 1977 in search of a new life in baseball after he was dropped by the Royals. What he found was a screwball, taught to him by Enrique Romo, later a pitcher for the Pirates. After a slow start because of a spring-training auto accident, Castillo joined the Dodgers in August 1979 and finished the season impressively. He was 2–0 with seven saves and an ERA of 1.13. His most effective pitch was the screwball.

When Castillo arrived at Scottsdale, he and Fernando immediately became companions on and off the field. Fernando was naturally attracted to someone who would help him, who spoke the same language, and who had shared some of the same experiences. After the two became friends, Castillo, a righthander, often joked that it was a good thing Fernando was a southpaw or he would never have taught him his favorite pitch. But teach him he did. And well.

The screwball is not only difficult to teach but also

can be a dangerous pitch to learn. Carl Hubbell gave his last scroogie lesson in 1938. "We had a new kid on the Giants then, a big left-hander named Cliff Melton," Hubbell recalls. "The year before, he'd won 20 games for us, a hell of an achievement for a rookie, but he wanted to be even better. He begged me to show him the screwball, so I did. By the Fourth of July, he had won 10 or 11 games. But against Boston that day, breaking off a screwball, he grabbed his arm and kind of stumbled off the mound in great pain. He finished 14–14, never did he have another 20-win year. Lasted only five or six more years. A great shame. I've been reluctant to teach it ever since."

Fernando used the pitch basically as a changeup when he began the 1980 season in San Antonio. Perranoski, who dropped in periodically to check on him, was content to leave it at that. But by mid-June, Perranoski saw that Fernando was throwing the screwball at different speeds and with greater frequency. Seeing the potential the pitch had, Perranoski worked with Fernando, showing him how to set up a hitter with his fastball, moving it in and out to make the screwball more effective. When Perranoski left him, Fernando was 6–9. Over his next eight games, he was 7–0 with an ERA of 0.87. In 62 innings, he allowed 31 hits and 12 walks while striking out 73.

With only a year's minor league experience, Fernando was called up by the Dodgers to try to help them win a division title. He hadn't allowed a run in his last 35 innings in San Antonio; he wouldn't allow an earned run in 17-2/3 innings with the Dodgers in 1980. Campanis could only say, "Now I'm catching hell for not bringing him up earlier."

# Chapter 7

In the spring of 1980, when Fernando reported to the Dodgers' training camp at Vero Beach, he was as anonymous as any minor league player could be. About the only thing that made Fernando stick out was his stomach. At least that's the first thing Alex Taveras, another anonymous minor leaguer, noticed. "Look how fat that kid is," he remarked. "They're going to run him 'til he drops."

They work the players hard at the Dodgers' training complex in Vero Beach. The players not only work hard, but they also play hard, especially the minor leaguers. Most of the veterans live at the beach with their families in a quiet setting of sun and surf. For them, spring training is something to be tolerated.

For many of the minor leaguers, who don't know how long they'll be around, any night is an excuse for a night on the town. There's the story in Vero Beach about the youngster two coaches were chasing for coming in late who jumped off a roof to avoid capture. The following day, all the coaches turned out to locate a player with a limp.

For Fernando, though, spring training was very lonely. He didn't speak any English, and in his short stay at Lodi the previous summer, he really hadn't made any friends. He'd eat with the guys, and drink a few beers, but mainly he worked on throwing a baseball. He made an impression, too. One was on Reggie Smith's left foot; a Fernando screwball hit him on the instep. "I thought with a breaking ball like that, he'd be up with the Dodgers pretty soon," Smith remembers thinking.

Fernando's teammates came to know him as *Señor Silent;* he said very little in Spanish and nothing at all in English.

The club's plans that spring were for Fernando, only 19, to spend another year playing at the Class A level, but his performance in training camp convinced management to send him to San Antonio, the Dodgers' Double A team. It turned out to be a fortunate decision for Fernando. San Antonio has a large Mexican population, and eventually Fernando made some personal friends in the United States.

In San Antonio, Fernando rented a one-bedroom apartment not far from the ball park. Other players lived in the complex and provided transportation for Fernando, who didn't drive. Ballplayers tend to stick together, and Fernando stuck with Leo Hernandez, who became his roommate on the road. Not too long into the season, however, Hernandez was sent down to Class A. It hurt Fernando nearly as much as it did Hernandez.

Fernando was by himself again, and he wasn't pitching that well, either, losing more often than he was winning. The screwball was unreliable, and the fastball, which had seemed pretty quick in the Mexican League, didn't seem nearly as fast to Texas League hitters. Taveras, who also had wound up with San Antonio, tried to cheer him up. "Come over and have dinner with me," he told Fernando one night after a game. Fernando didn't want to. He'd stay in his room, watch television, and drink a little beer.

Fernando was happiest at the ball park. He delighted in everything there: in batting practice, in playing pepper, or in just sitting in the dugout blowing bubble gum. If he wasn't pitching that night, he'd play the infield while his teammates took batting practice. When he was supposed to be doing his running in the outfield, he'd take a baseball with him and kick it along as if it were a soccer ball. Fernando could always find a way to enjoy himself in a ball park. There it was what he *did*, not what he *said*, that was important.

When Fernando would go out with Taveras or another teammate, he would have to be encouraged to say anything. If someone came over to the table and asked Fernando how he was doing, he might say, "O.K." End of conversation. Fernando would answer questions, but he wasn't going to ask any. "He was so quiet," said Mike Marshall, another of Fernando's teammates in San Antonio. "He just didn't say anything to anyone. It took us a while to figure him out." At first, Taveras figured he'd leave him alone but then he decided to persist, and Fernando's life began to change.

After a slow start, Fernando and Alex Taveras became good friends. Fernando was always welcome at Taveras's house for a chicken dinner. Then his girl friend came up from Yucatan for a two-week visit. It was her first visit to the United States, and Fernando was now the expert on American life. He started winning ball games. Finally, he was happy off the field as well as on.

When Taveras would tell Fernando that he should try to learn some English, Fernando would give him that sly grin of his. When he'd tell him that too much beer and food were putting too many inches on his waistline, Fernando would tell him to stop acting like his mother. Fernando still didn't talk much, but he was communicating better and losing his shyness.

On the San Antonio dugout bench, where he always took the seat closest to the wall, Fernando delighted in playing jokes on his teammates. He'd hide their gloves when they were batting, or he'd find a bug and stick it under a player's hat or glove. When the bug would come flying out, Fernando couldn't resist laughing at his own joke. He understood a lot more English than he let on; he just wouldn't speak any. His teammates got to like him, anyway. As one said, "There's nothing not to like."

Ducky LeJohn managed the San Antonio team. A minor league manager learns soon enough that his first priority is developing prospects for the major league club.

LeJohn knew the Dodgers considered Fernando a hot prospect, so he wanted to pay him special attention. But he couldn't talk to him. Taveras played shortstop and doubled as interpreter.

When LeJohn would come to the mound to visit Fernando, he would call Taveras over and explain what he wanted Fernando to do. Fernando is unusually patient, and he would listen while LeJohn and Taveras would talk in English. But one night, in a close game with two runners on, LeJohn came to the mound, and Fernando became annoyed. While LeJohn and Taveras were talking, Fernando suddenly blurted out, "What?" Taveras was stunned. He'd never heard Fernando utter one word in English. It looked as if he'd blown his cover, and Taveras burst out laughing. "Fernando, what did you say?" he asked. But Fernando never replied. That was the only word that Taveras ever heard Fernando speak in English.

Pretty soon, though, *Señor Silent* had become "The Chief." He won his last seven games in San Antonio; the final five were shutouts. He pitched two two-hitters, two three-hitters, and two four-hitters and finished the season 13–9.

"I feel like I could beat anyone in the world," he told Taveras one day.

Taveras was surprised. It didn't sound like Fernando. "Anyone?" Taveras asked.

"I've been pitching since I was 15," Fernando replied. "I used to pitch for the worst team in Mexico. I won there. I can win anywhere." He didn't say it boastfully. He didn't even say it confidently. He just said it.

Fernando led San Antonio to the playoffs, and then the Dodgers called. Understandably, people in San Antonio were unhappy to see him go. The crowds had responded to Fernando the way they would later in Los Angeles, albeit on a smaller scale. An average crowd in San Antonio was about 2,000. When Fernando pitched, another 1,000 showed up, an impressive percentage increase in attendance.

The San Antonio club officials were not caught by

surprise. When the Dodgers heard how well Fernando was doing, they dispatched Jerry Stephenson, their West Coast scout, and Charlie Metro, their chief scout, to see him. Metro couldn't wait to get to the phone to call Lasorda. "This kid is special," he told him. "Don't be afraid to use him in any situation."

Five days after he joined the Dodgers in Houston, Fernando made his major league debut, pitching in Atlanta on September 15. He threw 2-1/3 innings and pitched well in a 9-0 Dodger defeat. A few nights later, against Cincinnati, he pitched three impressive innings in another loss. He struck out four, including Johnny Bench, and Tom Lasorda began to take notice.

His teammates took notice, too. "If he's 19," Davey Lopes said, "he's the smartest 19 I've ever seen." Jerry Reuss swore he must be at least 30. Don Sutton kidded Fernando. "I hope you can still pitch that well when you're 30." The guys had fun with his physique as well, but as Ducky LeJohn pointed out, "People said Babe Ruth had a weight problem, too."

More amazing than his weight or his age was thee way he was pitching—and the Dodgers needed a little help in that department. Steve Howe, a lefthanded relief pitcher who was named Rookie of the Year in 1980, hit a late-season slump. Lasorda didn't want to throw Fernando into any tough spots, but he had no choice. On September 21, with the Dodgers tied for first place, Fernando pitched the ninth inning against Cincinnati.

Three days later, he came in for the ace of the staff, Jerry Reuss, with one out in the seventh inning and two on. Fernando for Reuss? It may not seem like a gamble now, but back then it was. After he walked Jim Wholford to load the bases, it seemed especially questionable, but Fernando came back to get a grounder from Rich Murray and a force-out at the plate and then a popup to first from pinch-hitter Joe Strain. Fernando had arrived.

"I just hope nobody puts him on a diet," said pitching coach Red Adams. Fernando may have missed San Antonio, but he sure liked it up in the big leagues, flying on the Dodger plane, and staying in first-class hotels.

Meal money alone was $29. He liked the way the Dodgers dressed, particularly admiring shirts worn by Steve Garvey and Ron Cey. "You keep pitching," Lasorda told him, "and you can have your shirts tailor made."

He kept pitching. He won his first game September 30 in San Francisco against the Giants, pitching the last two innings (no hits, four strikeouts) while Pedro Guerrero hit a game-winning homer in the tenth. On October 3, the Houston Astros visited Dodger Stadium for the final three games of the season, leading the Dodgers by three games in the race for the National League West. Fernando pitched the last two innings of the first game and picked up his second win. The Dodgers won the next two without Fernando and forced a one-game playoff.

Lasorda toyed with the idea of starting Fernando in that final game, but he went with Dave Goltz instead. The Dodgers lost, 7–1, although Fernando pitched two innings of shutout relief. It was a decision Lasorda probably regretted all winter. But Fernando had no regrets. Not only had he made it to the big leagues at age 19, but also he had pitched 17-2/3 innings without allowing an earned run.

If Fernando surprised a lot of people with his tremendous start in 1981, he didn't exactly shock the Dodgers. On the team's press-guide cover was a picture of Fernando, right along with Garvey and Baker and Cey.

# Chapter 8

Nothing is forever. All good things, even winning streaks, must come to an end. Fernando had won his first eight games of the 1981 season, five by throwing shutouts, and he was the biggest story in baseball. Newspaper, magazine, and television reporters were traveling the Fernando Trail to Etchohuaquila in search of Valenzuela's roots, while Fernando was traveling the glory road with the Dodgers, being acclaimed in one city after another.

"Fernandomania" was at its height on May 18 when Fernando took the mound for his first appearance against the defending World Champion Philadelphia Phillies. The Dodgers had flown his parents and one of his sisters, Dolores, up for the occasion. Pete Rose, the famous Philadelphia first baseman, arranged to have his picture taken with Fernando. "For my son Petie," he explained. When asked how he thought he'd fare against Fernando, Pete replied, "I better get a hit off him. I'm twice his age."

Rose didn't. The Phillies managed only three hits in the seven innings Fernando worked, but they scored four runs. The Dodgers lost, 4–0, and Fernando's winning streak was broken.

The *Los Angeles Times* story on the game said it all. "The ranks of the immortals, already slender, were reduced by one Tuesday night. Fernando Valenzuela is human after all."

The record books will show Fernando sharing the record for most consecutive victories by a rookie pitcher at the start of a season, eight. Following are the highlights of those eight games.

Game 1, Opening Day, April 9, Dodger Stadium, Houston Astros

Fernando wasn't scheduled to pitch that day, but the Dodgers' injury situation left no one else available. Like an understudy waiting in the wings, young Fernando, who had pitched batting practice the day before, was now thrust on to center stage. He threw a five-hit shutout at the Houston Astros in a 2–0 Dodger victory before 50,511 Dodger fans. No rookie had ever been the opening-day starter for Los Angeles. He was the youngest opening-day pitcher anywhere in 15 years.

"He may be 20," said Bill Virdon, manager of the Astros, "but he pitches 30."

Fernando had been in the big leagues 28 days and had pitched 26-2/3 innings without allowing an earned run. He showed no signs of nervousness about pitching the opener. After the game, he said he "slept like an angel" the night before.

If he was going to break, it would have happened in the sixth inning when the Astros moved runners to second and third with only one out. But Fernando then broke José Cruz's bat with a fastball, and Cruz hit a soft liner to shortstop. The next batter, Art Howe, grounded sharply up the middle. Fernando fielded it cleanly and threw Howe out at first base.

Game 2, April 14, Candlestick Park, San Francisco Giants

After 34-1/3 innings pitching in the major leagues, Fernando allowed his first earned run. The Giants didn't get to Fernando until two were out in the eighth inning, with the Dodgers nursing a 4–0 lead in what would become a 7–1 victory.

It happened this way: Larry Herndon doubled into the gap in left-center field, and Enos Cabell singled him home. Those two hits were half the Giants' total for the evening. Fernando struck out 10 and also got his first big-league hit.

After the game, he was asked if it had been as easy for

him as it seemed. With Jaime Jarrin acting as his interpreter, Fernando said, "They're good hitters. It's not as easy as you think."

There were a couple of factors that might have made Fernando's assignment a bit tougher than it turned out to be. One, Vida Blue, once a Rookie phenom himself, was pitching for the Giants. Two, Fernando prefers the weather hot and humid, and the temperature was in the low 50s. But Dusty Baker tripled in the fourth and scored on a Ron Cey fly ball. Steve Yeager homered in the sixth, and Fernando again warmed to the task.

Game 3, April 18, Jack Murphy Stadium, San Diego Padres

It took the Dodgers seven innings to get Fernando a run. Scioscia homered in the seventh, and Dusty Baker hit one out in the eighth.

Fernando allowed his usual five hits, struck out 10, walked nobody, got two base hits in four at bat, and picked Ozzie Smith, the Padres' most prolific base stealer, off first base. He did all this with three days' rest instead of the four to which he was accustomed. Seems Dodger manager Tom Lasorda couldn't wait to get him out there again. Final score, Dodgers 2, Padres 0.

The shutout was Fernando's second of the season in three starts. He began another string of scoreless innings, which he raised to 10-1/3. Only a few days before, Giants' manager Frank Robinson had said that Fernando was nothing special. "We've seen his kind before," Robinson said. He didn't say where.

The Dodgers were now leading the league, and the veteran players had welcomed Fernando to their ranks. "I think we'll keep him," announced outfielder Rick Monday in the understatement of the season.

But Fernando kept his cool. "I don't know if I'm a streak pitcher," he said through an interpreter. "I have always pitched like this, very, very regularly."

Game 4, April 22, the Astrodome, Houston Astros

This was the night Fernando tested the so-called "second time around theory," as in, "We'll get him the next time we see him." Next time for the Astros was a lot like the first time, another shutout. Oh, yes. Fernando got two hits and drove in the only run. The Dodgers defeated Houston, 1–0.

The Astros didn't know what to make of him. "A little bit amazing," Houston manager Bill Virdon said. "I don't know if that's the right word, but it's an awful damn good one." The Astros knocked Fernando around a bit, collecting seven hits, but he struck out 11 and got all the big outs. The scoreless-inning string was up to 19-1/3 and growing. Four games, three shutouts. Each time he got in trouble, he found his way out. Former Dodger pitcher Don Sutton, the loser, said, "I hope he comes back to earth, or they find a higher league for him."

Fernando, who singled home Pedro Guerrero in the fifth inning by slapping a Sutton slider to left field, was unaffected. The Astros got a runner as far as third in the eighth, and the Astrodome crowd shook the rafters trying to root him home.

"Did the hollering bother you," Lasorda asked Fernando after the game.

Fernando looked puzzled. "What hollering?" he asked in reply.

Game 5, April 27, Dodger Stadium, San Francisco Giants

It was homecoming night for Fernando. He hadn't pitched at Dodger Stadium since opening day. The Dodger fans had seen him only on television, and that wasn't nearly good enough. The game had been a sellout for over a week, 49,978 paid admissions crammed into every available corner.

Fernando didn't have his best stuff that night, but he had enough to record his by-then-traditional shutout in a 5–0 victory in which he also went three for four at the plate, raising his batting average to .438. The crowd couldn't get enough of their new hero. When Fernando, who isn't exactly a showman, singled his first time up, he received a standing ovation. First-base coach Manny Mota had to tell him to tip his cap.

No wonder they were cheering. Five games, four shutouts, a scoreless streak of 28-1/3 innings, a record of 5–0. His ERA for the season was 0.20 and for his career, 0.14.

The Giants left six runners on base in the first three innings, but Fernando, with his uncommon poise, pitched out of each jam. The only time he didn't know quite what to do was in the ninth inning when a teen-aged girl wearing a jersey with Fernando's number, 34, ran out to the mound and kissed him full on the lips. She had better luck than the Giants.

Game 6, May 3, Olympic Stadium, Montreal Expos

Fernando pitched his usual nine strong innings, but that nearly wasn't enough. He allowed a run in the eighth, ending his shutout string at 36 innings, and allowed Montreal to tie the score at 1–1. For the first time, Fernando would have to leave a game before the end. Reggie Smith batted for him in the top of the 10th and singled in the go-ahead run, the first of five for the Dodgers that inning.

With relief help from Steve Howe, Fernando was a 6–1 winner. He was 6–0, and all was well in the world of Fernandomania, which now extended north to Canada. The Expos got only five hits off Fernando and didn't get a ball out of the infield until the seventh. With two outs in the eighth, Chris Speier slapped a Fernando screwball ("My best pitch," he said later) to score Warren Cromartie from second base. The spell was broken, but thanks to Smith, Fernando's record remained intact.

He hadn't allowed a run since April 14. The Expos' run was a milestone of sorts for the National League. It was the first run he'd allowed that meant anything.

Game 7, May 8, Shea Stadium, New York Mets

New York, New York. Fernando took a limo in from Philadelphia for another meeting with the press. When he got to Shea Stadium, the crowd of 39,348 was even bigger than that at the press conference. Leroy Neiman, the noted sports artist, sketched Fernando while Fernando snapped pictures of him. Davey Lopes called to him in jest, "Go to the clubhouse and meditate. You're making a joke of this game."

But Tom Lasorda wasn't laughing. He closed the

Dodgers' clubhouse, which is always open to the media until the game begins, so Fernando could escape the hordes of photographers.

Fernando had control problems that night, walking five. He faced bases-loaded jams in each of the first two innings. But he beat the Mets, 1–0, striking out 11. Now he was 7–0, with five shutouts and an ERA of 0.29. "If he keeps going at this pace," Lopes said, "they're going to have to open up the record books."

Game 8, May 14, Dodger Stadium, Montreal Expos

The game had been sold out for a week. Television ratings when Fernando was pitching had been incredible: a 47 percent share on a Friday night for the New York game and a 59 percent share the previous Sunday from Montreal. Fernando was in demand. The 53,096 who jammed their way into Dodger Stadium were met by a horde of hawkers selling everything from "The Saga of Fernando," a record about him, to Fernando T-shirts and toy bulls.

Soon after the game began, Fernando was on the wrong end of a score for the first time this season. Chris Speier homered in the third, and the Expos led, 1–0. The Dodgers scored twice, and Fernando took a 2–1 lead into the ninth. Then, boom, the Expos made the third hit and second homer, this one from the bat of Andre Dawson. The game was tied, 2–2, until Pedro Guerrero, the first Dodger batter in the ninth, hit a round-tripper to end the game.

The Dodgers and Fernando were 3–2 winners and Fernando was 8–0. Dave "Boo" Ferris of the Boston Red Sox had won his first eight games as a rookie in 1945; no one had ever won more. The media coverage was unprecedented; there was even a TV crew from as far away as Sweden. Fernando held a press conference before the game, his first in three days. Someone asked Fernando if he thought he'd ever lose. The translator, Jaime Jarrin, thought the question referred to this season and asked it accordingly. Fernando, smiling shyly, answered, *"Es muy dificil pero no impossible."* (It would be difficult but not impossible.)

Game 9, May 18, Dodger Stadium, Philadelphia Phillies

"I knew it had to end," Fernando said, with Jarrin translating. "I'm not sad. I knew it was going to happen sometime." Fernando finally lost, 4–0. The Phillies turned three hits into four runs, and Fernando left after seven innings. It was a combination of the Dodgers failing to score and of the Phillies getting a home run from Mike Schmidt in the first and three runs on two walks, two hits, and a sacrifice fly in the fourth.

His record fell to 8–1. His ERA "soared" from 0.50 to 0.91. Schmidt thought his homer might be history of a kind, a homer that Fernando wouldn't forget. "Maybe someday when he's won his thirty-ninth Cy Young Award, if he can pronounce my name, he'll tell someone about it while I'm relaxing in my easy chair watching him on TV."

"He had good stuff," said Lasorda. "He lost. We knew he would sometime."

# Chapter 9

When Fernando returns home to Etchohuaquila these days, he receives what passes there for royal treatment. He gets to sleep by himself in the bed he once shared with six brothers; once that would have seemed a luxury beyond his dreams. Of course, life is much different now for Fernando; he is an international celebrity, destined to match fortune with fame. In Fernando's poor village, the people can barely envision the life their native son must lead.

They are told by a Navojoa newspaper that while Fernando "was born here in this humble village, he now lives in luxury hotels, travels in modern jets and goes about his business in grand style."

Up to a point, that's all true. The Dodgers have their own plane, they do stay in luxury hotels, and no one is treated more grandly than Fernando. Still, he sometimes wishes his life were simpler. When he came to the Dodgers, he lived in downtown Los Angeles in a non-descript hotel in an area with a large Chicano population. He might have stayed there happily, but his fame grew too fast, too soon, to allow that. Before long, he couldn't leave the hotel room without facing a crowd. So Fernando stayed alone in his room, watching television. The other players called it "Fernando's Hideaway," and hardly any of them saw Fernando socially once they left the ball park.

The Dodgers were worried by what might happen to a naive youngster like Fernando alone in a big city. With their blessing, Mike Brito asked Fernando to stay with him. Fernando brightened at the suggestion; he would have a family again. Brito arranged for Fernando to live in a room next to the swimming pool on his East Los Angeles property. Fernando took meals with Brito, his wife, Rosa Maria, and their three children. Mike Brito became his big brother and the little Brito children the younger brothers and sisters he never had.

Although still a scout, Brito took time off from those duties to join the Dodgers' traveling party so he could stay close to Fernando. But Fernando has made other friends on the Dodgers, especially Pepe Frias. Life on the road for Fernando was much like life at home. He spent most of his time either in his hotel room or at the ball park. Fernando's life had changed but not Fernando. "He's still the same as the first day I met him," Brito said.

Fernando's favorite pastime, as you may have guessed, is eating. His favorite food is New York strip steak. He also likes pizza, tortillas, and beer. Which is why the Dodgers put him on a diet. And right behind food comes television. Fernando is a TV addict. He watches programs in both English and Spanish, but his passion is cartoons. His favorite is the "Pink Panther," a cartoon without dialogue. He's learned a lot of English from television and more from the cassettes that Brito has given him. Fernando understands what people are saying, but he's too shy to speak English himself. Often, he's too shy even to speak his native tongue.

For more active recreation, Fernando enjoys a game of pool, and he's pretty good at it. Before he got to be quite so famous, he and Brito would play after a game with that night's late dinner the wager. Soon, however, even that simple pleasure was denied him. The crowd would gather so tightly around him that there wasn't room to chalk his cue.

As it always has been for Fernando, his real home is the ball park. The Dodgers have grown attached to their young teammate. They enjoy his innocence, his complete lack of guile. He and Tom Lasorda will kid around on the dugout bench, Lasorda trying to pop the bubble that seems to have become an extension of Fernando's mouth. Once, when Lasorda was kiddingly chiding Fernando, the young star shouted back to his manager, *"Siete y zero"* (seven and zero), referring to his record at the time. Lasorda broke up.

"You couldn't want a finer young man," Lasorda said of Fernando. "He's quiet, he listens to what you tell him, and the whole team has adopted him. I've never heard anyone say anything about him that wasn't a compliment. And he's very patient. I don't know many people who could put up with what he has to, especially at so young an age."

The biggest concern facing Fernando is not how to pitch to Dave Parker but how to deal with the media. Since few sports writers speak Spanish, newspapers and magazines have called their Spanish-speaking reporters into service. "He won't tell anybody no," teammate Reggie Smith said. "He's too nice a guy."

There's another crowd after Fernando, too. But he doesn't mind this one so much. Groupies are a fact of life in baseball, and Fernando has gained more than his share of female admirers. There are always young women waiting after a game for a chance to meet him. Others come around to the Brito house. Fernando will flirt; he's not that shy. "I don't blame the girls," Brito said. "If I was a girl, I'd be chasing him, too. You know any young man who's got a future like his?"

The Phillies, the Braves, and the Cubs proved that Fernando is human. They have also shown that his popularity runs much deeper than enthusiasm for a winning streak. Despite his two previous losses, the Cub game drew over 35,000, more than triple their season average. And although Fernando was shelled in Chicago, lasting only four innings, the advance sale for his next appearance in St. Louis guaranteed a better-than-average turnout to welcome Fernando to Busch Stadium.

Mike Brito is right. There are very few young men with a brighter future than that of Fernando Valenzuela. *Olé!*

# Chapter 10

"This is the White House calling for *Mr. Venezuela.*"
The press secretary in the Dodger office didn't bother to
correct the name. There could only be one recipient of
that phone call, and he wasn't available to take it, anyway.

But the message got through. "Fernandomania" had
reached the rarefied stratosphere of international politics:
Fernando, baseball's ambassador of goodwill, would be
honored by his two most illustrious fans, the heads of
state of the United States and Mexico. Fernando was
invited to the White House to lunch with Presidents
Ronald Reagan and Lopez Portillo on June 9.

Fernando's social schedule did not affect his pitching
rotation. He flew from Chicago to Washington after the
Cub series and from Washington to St. Louis after the
luncheon, a real jet-set schedule for a youngster from
Etchohuaquila.

Fernando's teammates had just one question for him
when he rejoined the club: how many autographed
pictures of Ronnie Reagan did it take to swap for one
"Fernando"?

# BOX SCORES
## April 9

| HOUSTON | ab | r | h | bi | LOS ANGELES | ab | r | h | bi |
|---|---|---|---|---|---|---|---|---|---|
| Puhl rf | 4 | 0 | 0 | 0 | Lopes 2b | 3 | 0 | 0 | 0 |
| Reynlds ss | 4 | 0 | 2 | 0 | Landreux cf | 4 | 0 | 1 | 0 |
| Cedeno cf | 4 | 0 | 1 | 0 | Baker lf | 4 | 0 | 0 | 0 |
| Cruz lf | 4 | 0 | 0 | 0 | Garvey 1b | 4 | 2 | 2 | 0 |
| Howe 3b | 3 | 0 | 1 | 0 | Cey 3b | 2 | 0 | 0 | 1 |
| Roberts 1b | 4 | 0 | 0 | 0 | Guerrero rf | 4 | 0 | 3 | 1 |
| Thon 2b | 3 | 0 | 0 | 0 | Scioscia c | 3 | 0 | 0 | 0 |
| Pujols c | 3 | 0 | 1 | 0 | Russell ss | 3 | 0 | 2 | 0 |
| Niekro p | 1 | 0 | 0 | 0 | Valenzla p | 2 | 0 | 0 | 0 |
| Leonard ph | 1 | 0 | 0 | 0 | | | | | |
| DSmith p | 0 | 0 | 0 | 0 | | | | | |
| Total | 31 | 0 | 5 | 0 | Total | 29 | 2 | 8 | 2 |

| | | |
|---|---|---|
| Houston | | 000 000 000—0 |
| Los Angeles | | 000 101 000—2 |

DP—Los Angeles 1. LOB—Houston 6. Los Angeles 7. 2B—Landreaux, Cedeno, Guerrero. 3B—Garvey. SB—Guerrero, Lopes. S—Valenzuela. SF—Cey.

| Houston | IP | H | R | ER | BB | SO |
|---|---|---|---|---|---|---|
| Niekro L,0-1 | 7 | 8 | 2 | 2 | 1 | 1 |
| DSmith | 1 | 0 | 0 | 0 | 1 | 2 |
| **Los Angeles** | | | | | | |
| Valenzuela W,1-0 | 9 | 5 | 0 | 0 | 2 | 5 |

WP—Niekro. T—2:17. A—50,511.

---

## April 14

| LOS ANGELES | ab | r | h | bi | SAN FRANCISCO | ab | r | h | bi |
|---|---|---|---|---|---|---|---|---|---|
| Lopes 2B | 4 | 1 | 0 | 0 | Herndn cf | 3 | 1 | 2 | 0 |
| Landrex cf | 5 | 1 | 2 | 1 | Cabell 3b | 4 | 0 | 1 | 1 |
| Baker lf | 5 | 2 | 2 | 0 | Clark rf | 4 | 0 | 1 | 0 |
| Garvey 1b | 5 | 1 | 1 | 2 | Ivie 1b | 4 | 0 | 0 | 0 |
| Cey 3b | 4 | 0 | 1 | 3 | Martin lf | 4 | 0 | 0 | 0 |
| Guerrer rf | 3 | 0 | 0 | 0 | Stenntt 2b | 4 | 0 | 0 | 0 |
| Yeager c | 4 | 1 | 3 | 1 | Sadek c | 2 | 0 | 0 | 0 |
| Russell ss | 4 | 1 | 1 | 0 | LeMstr ss | 3 | 0 | 0 | 0 |
| Valenzla p | 3 | 0 | 0 | 0 | Blue p | 2 | 0 | 0 | 0 |
| | | | | | Moffitt p | 0 | 0 | 0 | 0 |
| | | | | | Morgan ph | 1 | 0 | 0 | 0 |
| | | | | | Holland p | 0 | 0 | 0 | 0 |
| Total | 37 | 7 | 10 | 7 | Total | 31 | 1 | 4 | 1 |

| | | |
|---|---|---|
| Los Angeles | | 000 100 123—7 |
| San Francisco | | 000 000 010—1 |

E—Cabell 2. LOB—Los Angeles 7, San Francisco 5. 2B—Herndon 2. Cey, Garvey. 3B—Baker. HR—Yeager (1). SB—Landreaux. S—Valenzuela. SF—Cey.

| Los Angeles | IP | H | R | ER | BB | SO |
|---|---|---|---|---|---|---|
| Valenzla W,2-0 | 9 | 4 | 1 | 1 | 2 | 10 |
| **San Francisco** | | | | | | |
| Blue L,0-1 | 7⅓ | 7 | 4 | 3 | 1 | 6 |
| Moffitt | ⅔ | 0 | 0 | 0 | 0 | 2 |
| Holland | 1 | 3 | 3 | 3 | 1 | 0 |

T—2:27. A—23,790.

## April 18

| LOS ANGELES | ab | r | h | bi | SAN DIEGO | ab | r | h | bi |
|---|---|---|---|---|---|---|---|---|---|
| Lopes 2b | 4 | 0 | 0 | 0 | Richrds lf | 4 | 0 | 1 | 0 |
| Landrex cf | 4 | 0 | 1 | 0 | OSmith ss | 4 | 0 | 0 | 0 |
| Baker lf | 4 | 1 | 2 | 1 | Lucas p | 0 | 0 | 0 | 0 |
| Garvey 1b | 4 | 0 | 0 | 0 | RuJons cf | 4 | 0 | 1 | 0 |
| Cey 3b | 4 | 0 | 2 | 0 | Salazar 3b | 4 | 0 | 0 | 0 |
| Guerrer rf | 4 | 0 | 1 | 0 | Edwrds rf | 4 | 0 | 0 | 0 |
| Scioscia c | 4 | 1 | 1 | 1 | Bass 1b | 4 | 0 | 1 | 0 |
| Russell ss | 4 | 0 | 1 | 0 | Swisher c | 3 | 0 | 1 | 0 |
| Valenzla p | 4 | 0 | 2 | 0 | Bonilla 2b | 3 | 0 | 1 | 0 |
| | | | | | Wise p | 2 | 0 | 0 | 0 |
| | | | | | BEvans ss | 1 | 0 | 0 | 0 |
| Total | 36 | 2 | 10 | 2 | Total | 33 | 0 | 5 | 0 |

| Los Angeles | 000 000 110—2 |
|---|---|
| San Diego | 000 000 000—0 |

E—Cey, Russell. DP—San Diego 1. LOB—Los Angeles 7, San Diego 6. HR—Scioscia (1), Baker (1). SB—Lopes.

| Los Angeles | IP | H | R | ER | BB | SO |
|---|---|---|---|---|---|---|
| Valenzuela W,3-0 | 9 | 5 | 0 | 0 | 0 | 10 |
| San Diego | | | | | | |
| Wise L,0-2 | 8 | 10 | 2 | 2 | 0 | 2 |
| Lucas | 1 | 0 | 0 | 0 | 0 | 1 |

T—2:25. A—19,776.

---

## April 22

| LOS ANGELES | ab | r | h | bi | HOUSTON | ab | r | h | bi |
|---|---|---|---|---|---|---|---|---|---|
| Thomas 2b | 4 | 0 | 1 | 0 | Puhl rf | 4 | 0 | 1 | 0 |
| Landrex cf | 4 | 0 | 0 | 0 | Reynlds ss | 4 | 0 | 1 | 0 |
| Baker lf | 4 | 0 | 2 | 0 | Cedeno cf | 4 | 0 | 2 | 0 |
| Garvey 1b | 4 | 0 | 0 | 0 | JCruz lf | 4 | 0 | 2 | 0 |
| Cey 3b | 4 | 0 | 0 | 0 | Ivle 1b | 4 | 0 | 0 | 0 |
| Guerrer rf | 3 | 1 | 1 | 0 | AHowe 3b | 3 | 0 | 0 | 0 |
| Scioscia c | 3 | 0 | 0 | 0 | Thon 2b | 3 | 0 | 1 | 0 |
| Russell ss | 3 | 0 | 0 | 0 | DRbrts ph | 1 | 0 | 0 | 0 |
| Valenzla p | 3 | 0 | 2 | 1 | Ashby c | 1 | 0 | 0 | 0 |
| | | | | | Sutton p | 2 | 0 | 0 | 0 |
| | | | | | Woods ph | 1 | 0 | 0 | 0 |
| | | | | | Sambito p | 0 | 0 | 0 | 0 |
| Total | 32 | 1 | 6 | 1 | Total | 31 | 0 | 7 | 0 |

| Los Angeles | 000 010 000—1 |
|---|---|
| Houston | 000 000 000—0 |

E—JCruz, AHowe. DP—Los Angeles 1, Houston 1. LOB—Los Angeles 4, Houston 8. 2B—Puhl, Guerrero. SB—Reynolds, Thon, Cedeno. S—Ashby.

| Los Angeles | IP | H | R | ER | BB | SO |
|---|---|---|---|---|---|---|
| Valenzla W,4-0 | 9 | 7 | 0 | 0 | 3 | 11 |
| Houston | | | | | | |
| Sutton L,0-3 | 7 | 6 | 1 | 1 | 0 | 3 |
| Sambito | 2 | 0 | 0 | 0 | 0 | 1 |

T—2:24. A—22,830.

## April 27

| SAN FRANCISCO | ab | r | h | bi | LOS ANGELES | ab | r | h | bi |
|---|---|---|---|---|---|---|---|---|---|
| Morgan 2b | 2 | 0 | 0 | 0 | Lopes 2b | 4 | 1 | 1 | 1 |
| Cabell 1b | 4 | 0 | 1 | 0 | Landreux cf | 4 | 0 | 2 | 2 |
| Clark rf | 3 | 0 | 0 | 0 | Baker lf | 4 | 0 | 0 | 0 |
| Evans 3b | 4 | 0 | 1 | 0 | Garvey 1b | 4 | 0 | 1 | 0 |
| Herndon lf | 4 | 0 | 2 | 0 | Cey 3b | 4 | 0 | 0 | 0 |
| Martin cf | 4 | 0 | 2 | 0 | Guerrero rf | 4 | 1 | 1 | 0 |
| May c | 4 | 0 | 1 | 0 | Scioscia c | 1 | 1 | 1 | 0 |
| LeMaster ss | 2 | 0 | 0 | 0 | Russell ss | 4 | 1 | 2 | 1 |
| Wohlford ph | 1 | 0 | 0 | 0 | Vlnzuela p | 4 | 1 | 3 | 1 |
| Griffin p | 2 | 0 | 0 | 0 | | | | | |
| Stennett ph | 1 | 0 | 0 | 0 | | | | | |
| Breining p | 0 | 0 | 0 | 0 | | | | | |
| Total | 31 | 0 | 7 | 0 | Total | 33 | 5 | 11 | 5 |

| | | |
|---|---|---|
| San Francisco | 000 000 000—0 | |
| Los Angeles | 000 400 10X—5 | |

DP Los Angeles 2. LOB—San Francisco & Los Angeles 12. 2b—Guerrero, Garvey. SB—Morgan, Lopes, Landreaux. S—Lopes.

| San Francisco | IP | H | R | ER | BB | SO |
|---|---|---|---|---|---|---|
| Griffin (L,1-2) | 6 | 8 | 4 | 4 | 6 | 3 |
| Breining | 2 | 3 | 1 | 1 | 1 | 2 |
| Los Angeles | | | | | | |
| Val'nz'la (W 5-0) | 9 | 7 | 0 | 0 | 4 | 7 |

WP—Griffin. PB—Scloscia. T—2:54. A—49,478.

## May 3

| LOS ANGELES | ab | r | h | bi | MONTREAL | ab | r | h | bi |
|---|---|---|---|---|---|---|---|---|---|
| Lopes 2b | 3 | 2 | 1 | 0 | Raines lf | 4 | 0 | 1 | 0 |
| Landreux cf | 5 | 1 | 3 | 2 | Scott 2b | 4 | 0 | 1 | 0 |
| Baker lf | 4 | 0 | 0 | 1 | Dawson cf | 4 | 0 | 0 | 0 |
| Garvey 1b | 5 | 0 | 2 | 2 | Carter c | 4 | 0 | 0 | 0 |
| Cey 3b | 4 | 0 | 0 | 0 | Cromarte 1b | 3 | 0 | 1 | 0 |
| Jhnstne rf | 3 | 0 | 0 | 0 | Hutton 1b | 1 | 1 | 0 | 0 |
| Thomas rf | 1 | 0 | 0 | 0 | Parrish 3b | 3 | 0 | 0 | 0 |
| Scioscia c | 2 | 0 | 1 | 0 | Wallach rf | 4 | 0 | 1 | 0 |
| Frias pr | 0 | 1 | 0 | 0 | Speler ss | 4 | 0 | 1 | 1 |
| Yeager c | 0 | 0 | 0 | 0 | Gullicksn p | 3 | 0 | 1 | 0 |
| Russell ss | 4 | 1 | 1 | 0 | Fryman p | 0 | 0 | 0 | 0 |
| Valenzla p | 3 | 0 | 0 | 0 | White ph | 1 | 0 | 0 | 0 |
| Smith ph | 1 | 1 | 1 | 1 | | | | | |
| Howe p | 0 | 0 | 0 | 0 | | | | | |
| Total | 35 | 6 | 9 | 6 | Total | 35 | 1 | 6 | 1 |

| | | |
|---|---|---|
| Los Angeles | 100 000 000 5—6 | |
| Montreal | 000 000 010 0—1 | |

LOB—Los Angeles 4. Montreal 5. SB—Lopes 2, Scott, Dawson. S—Parrish. SF—Baker.

| Los Angeles | IP | H | R | ER | BB | SO |
|---|---|---|---|---|---|---|
| Valenzula W,6-0 | 9 | 5 | 1 | 1 | 0 | 7 |
| Howe | 1 | 1 | 0 | 0 | 0 | 1 |
| Montreal | | | | | | |
| Gullickson L,1-2 | 9⅓ | 7 | 5 | 5 | 4 | 8 |
| Fryman | ⅔ | 2 | 1 | 1 | 0 | 0 |

T—2:55. A—46,405.

## May 8

| LOS ANGELES | ab | r | h | bi | NEW YORK | ab | r | h | bi |
|---|---|---|---|---|---|---|---|---|---|
| Lopes 2b | 4 | 0 | 0 | 0 | Mazzilli cf | 4 | 0 | 1 | 0 |
| Landreux cf | 4 | 1 | 1 | 0 | Ballor ss | 3 | 0 | 0 | 0 |
| Baker lf | 4 | 0 | 2 | 1 | Staub ph | 0 | 0 | 0 | 0 |
| Garvey 1b | 4 | 0 | 0 | 0 | Backman pr | 0 | 0 | 0 | 0 |
| Cey 3b | 3 | 0 | 1 | 0 | Reardon p | 0 | 0 | 0 | 0 |
| Guerrero rf | 3 | 0 | 1 | 0 | Stearns 1b | 3 | 0 | 0 | 0 |
| Scioscia c | 4 | 0 | 0 | 0 | Youngbld rf | 3 | 0 | 1 | 0 |
| Russell ss | 3 | 0 | 0 | 0 | Kingman lf | 4 | 0 | 0 | 0 |
| Valenzla p | 3 | 0 | 0 | 0 | Brooks 3b | 3 | 0 | 3 | 0 |
|  |  |  |  |  | Trevino c | 4 | 0 | 1 | 0 |
|  |  |  |  |  | Flynn 2b | 4 | 0 | 1 | 0 |
|  |  |  |  |  | Scott p | 2 | 0 | 0 | 0 |
|  |  |  |  |  | Taveras ss | 2 | 0 | 0 | 0 |
| Total | 32 | 1 | 5 | 1 | Total | 32 | 0 | 7 | 0 |

**Los Angeles**                  100 000 000—1
**New York**                    000 000 000—0

E—Ballor. DP—Los Angeles 1. LOB—Los Angeles 6, New York 10. 2B—Baker, Guerrero. SB—Mazzilli, Youngblood, Taveras.

| Los Angeles | IP | H | R | ER | BB | SO |
|---|---|---|---|---|---|---|
| Valenzla W,7-0 | 9 | 7 | 0 | 0 | 5 | 11 |
| **New York** |  |  |  |  |  |  |
| Scott L,1-3 | 7 | 4 | 1 | 0 | 1 | 6 |
| Reardon | 2 | 1 | 0 | 0 | 1 | 2 |

Balk—Scott. T—2:42. A—39,843.

---

## May 14

| MONTREAL | ab | r | h | bi | LOS ANGELES | ab | r | h | bi |
|---|---|---|---|---|---|---|---|---|---|
| White lf | 4 | 0 | 0 | 0 | Lopes 2b | 4 | 1 | 1 | 0 |
| Scott 2b | 4 | 0 | 1 | 0 | Landreux cf | 4 | 0 | 0 | 0 |
| Dawson cf | 4 | 1 | 1 | 1 | Baker lf | 4 | 1 | 1 | 0 |
| Carter c | 4 | 0 | 0 | 0 | Garvey 1b | 4 | 0 | 1 | 2 |
| Cromarte 1b | 3 | 0 | 0 | 0 | Cey 3b | 4 | 0 | 0 | 0 |
| Wallach rf | 3 | 0 | 0 | 0 | Guerrero rf | 4 | 1 | 1 | 1 |
| Parrish 3b | 3 | 0 | 0 | 0 | Scioscia c | 3 | 0 | 1 | 0 |
| Speler ss | 2 | 1 | 1 | 1 | Russell ss | 3 | 0 | 1 | 0 |
| Raines pr | 0 | 0 | 0 | 0 | Thomas ss | 0 | 0 | 0 | 0 |
| Phillips ss | 0 | 0 | 0 | 0 | Valnzla p | 3 | 0 | 2 | 0 |
| Gulicksn p | 2 | 0 | 0 | 0 |  |  |  |  |  |
| CSmith ph | 1 | 0 | 0 | 0 |  |  |  |  |  |
| Ratzer p | 0 | 0 | 0 | 0 |  |  |  |  |  |
| Total | 30 | 2 | 3 | 2 | Total | 33 | 3 | 8 | 3 |

None out when winning run scored

**Montreal**                 001 000 001—2
**Los Angeles**              000 002 001—3

E—White, Parrish. LOB—Montreal 2, Los Angeles 6. 2B—Scioscia, Russell. HR—Speler (1), Dawson (8), Guerrero (6). SB—Raines.

| Montreal | IP | H | R | ER | BB | SO |
|---|---|---|---|---|---|---|
| Gullickson | 7 | 7 | 2 | 2 | 0 | 6 |
| Ratzer L,1-1 | 1 | 1 | 1 | 1 | 0 | 1 |
| **Los Angeles** |  |  |  |  |  |  |
| Valenzla W,8-0 | 9 | 3 | 2 | 2 | 1 | 7 |

Ratzer faced 1 batter in 9th
WP—Gullickson. T—2:22. A—53,906

## May 18

| PHILADELPHIA | ab | r | h | bi | LOS ANGELES | ab | r | h | bi |
|---|---|---|---|---|---|---|---|---|---|
| LSmith rf | 4 | 0 | 0 | 0 | Thomas 2b | 4 | 0 | 0 | 0 |
| Reed p | 0 | 0 | 0 | 0 | Landreux cf | 4 | 0 | 2 | 0 |
| Rose 1b | 3 | 1 | 0 | 0 | Baker lf | 3 | 0 | 0 | 0 |
| Schmidt 3b | 3 | 2 | 1 | 1 | Garvey 1b | 4 | 0 | 2 | 0 |
| Morelnd c | 4 | 1 | 1 | 1 | Cey 3b | 3 | 0 | 0 | 0 |
| Matthws lf | 4 | 0 | 1 | 1 | Guerrero rf | 4 | 0 | 0 | 0 |
| Maddox cf | 3 | 0 | 1 | 1 | Scioscia c | 3 | 0 | 1 | 0 |
| Trillo 2b | 3 | 0 | 0 | 0 | Russell ss | 4 | 0 | 0 | 0 |
| Bowa ss | 3 | 0 | 0 | 0 | Valenzla p | 2 | 0 | 0 | 0 |
| Bystrom p | 3 | 0 | 0 | 0 | Monday ph | 1 | 0 | 1 | 0 |
| Gross rf | 0 | 0 | 0 | 0 | Stewart p | 0 | 0 | 0 | 0 |
|  |  |  |  |  | Jhnstne ph | 1 | 0 | 0 | 0 |
| Total | 30 | 4 | 3 | 4 | Total | 33 | 0 | 6 | 0 |

| Philadelphia | 100 300 000—4 |
|---|---|
| Los Angeles | 000 000 000—0 |

E—Moreland, Cey, Valenzuela, Matthews, LOB—Philadelphia 2, Los Angeles 9. HR—Schmidt (12). SB—Landreaux. SF—Maddox.

| Philadelphia | IP | H | R | ER | BB | SO |
|---|---|---|---|---|---|---|
| Bystrom W,3-2 | 7 | 5 | 0 | 0 | 2 | 4 |
| Reed | 2 | 1 | 0 | 0 | 1 | 1 |
| **Los Angeles** |  |  |  |  |  |  |
| Valenzla L,8-1 | 7 | 3 | 4 | 4 | 2 | 6 |
| Stewart | 2 | 0 | 0 | 0 | 0 | 3 |

Balk—Bystrom. T—2:16. A—52,439.

## May 23

| LOS ANGELES | ab | r | h | bi | CINCINNATI | ab | r | h | bi |
|---|---|---|---|---|---|---|---|---|---|
| Russell ss | 5 | 0 | 3 | 1 | Collins rf | 3 | 0 | 1 | 0 |
| Landreux cf | 6 | 0 | 2 | 2 | Hume p | 0 | 0 | 0 | 0 |
| Baker lf | 6 | 0 | 0 | 0 | Driessen ph | 1 | 0 | 0 | 0 |
| Garvey 1b | 4 | 2 | 3 | 1 | Moskau p | 0 | 0 | 0 | 0 |
| Cey 3b | 5 | 2 | 2 | 2 | Combe p | 0 | 0 | 0 | 0 |
| Guerrero rf | 5 | 1 | 1 | 0 | Griffey cf | 3 | 0 | 0 | 1 |
| Scioscia c | 3 | 0 | 1 | 0 | Concpcn ss | 5 | 0 | 0 | 0 |
| Jhnstne ph | 1 | 1 | 1 | 1 | Foster lf | 5 | 0 | 1 | 0 |
| Yeager c | 1 | 0 | 0 | 0 | Bench 1b | 3 | 2 | 3 | 0 |
| Thomas 2b | 2 | 1 | 1 | 1 | Knight 3b | 4 | 0 | 1 | 1 |
| Monday ph | 1 | 0 | 0 | 0 | Oester 2b | 5 | 1 | 2 | 0 |
| Frias 2b | 0 | 1 | 0 | 0 | O'Berry c | 2 | 2 | 1 | 0 |
| Valenzla p | 3 | 0 | 0 | 0 | Vail ph | 1 | 0 | 0 | 1 |
| Smith ph | 1 | 0 | 0 | 0 | Nolan c | 1 | 0 | 0 | 0 |
| Stewart p | 0 | 0 | 0 | 0 | Soto p | 1 | 1 | 1 | 0 |
| Ferguson ph | 0 | 1 | 0 | 1 | Mejias rf | 1 | 0 | 0 | 0 |
| Forster p | 0 | 0 | 0 | 0 | Blittner ph | 1 | 0 | 0 | 0 |
| Castillo p | 0 | 0 | 0 | 0 |  |  |  |  |  |
| Total | 43 | 9 | 14 | 9 | Total | 36 | 6 | 10 | 3 |

| Los Angeles | 000 112 001 4—9 |
|---|---|
| Cincinnati | 000 030 110 1—6 |

E—Russell, Valenzuela 2. DP—Los Angeles 3. Cincinnati 1. LOB—Los Angeles 9, Cincinnati 9. 2B—Russell, Garvey, Bench 2, Knight. HR—Garvey (4), Thomas (1), Cey (9), Johnstone (1). SB—Collins 2. S—Mejias. Collins. SF—Griffey.

| Los Angeles | IP | H | R | ER | BB | SO |
|---|---|---|---|---|---|---|
| Valenzuela | 8 | 8 | 5 | 4 | 5 | 3 |
| Stewart W,3-0 | 1 | 0 | 0 | 0 | 0 | 2 |
| Forster | 0 | 2 | 1 | 1 | 0 | 0 |
| Castillo S,4 | 1 | 0 | 0 | 0 | 0 | 1 |
| **Cincinnati** |  |  |  |  |  |  |
| Soto | 7 | 7 | 4 | 4 | 2 | 2 |
| Hume | 2⅓ | 4 | 1 | 1 | 0 | 2 |
| Moskau L, 1-1 | ⅔ | 2 | 4 | 4 | 3 | 0 |
| Combe | ⅓ | 1 | 0 | 0 | 0 | 1 |

Forster faced 2 batters in 10th
WP—Forster, Balk—Soto. T—3:17. A—40,928.

| LOS ANGELES | ab | t | h | bi | ATLANTA | ab | r | h | bi |
|---|---|---|---|---|---|---|---|---|---|
| Thomas 2b | 3 | 0 | 0 | 0 | Linares lf | 5 | 1 | 3 | 2 |
| Landreux cf | 4 | 0 | 1 | 1 | Pocorba 3b | 3 | 1 | 1 | 1 |
| Baker lf | 3 | 0 | 1 | 0 | Harper rf | 3 | 0 | 0 | 1 |
| Sutcliffe p | 1 | 1 | 1 | 1 | Murphy cf | 4 | 1 | 2 | 2 |
| Garvey 1b | 4 | 1 | 2 | 2 | Chamblss 1b | 4 | 0 | 1 | 0 |
| Monday rf | 4 | 0 | 1 | 0 | Hubbard 2b | 3 | 2 | 1 | 0 |
| Guerrero 3b | 4 | 0 | 1 | 0 | Benedict c | 4 | 2 | 2 | 1 |
| Scioscia c | 4 | 0 | 2 | 0 | Ramirez ss | 4 | 1 | 0 | 0 |
| Russell ss | 2 | 0 | 0 | 0 | Perry p | 3 | 1 | 1 | 2 |
| Jhnstne lf | 2 | 0 | 0 | 0 | Camp p | 0 | 0 | 0 | 0 |
| Valenzla p | 1 | 0 | 0 | 0 | | | | | |
| Forster p | 0 | 0 | 0 | 0 | | | | | |
| Ferguson ph | 0 | 1 | 0 | 0 | | | | | |
| Frias ss | 2 | 1 | 1 | 0 | | | | | |
| Total | 34 | 4 | 10 | 4 | Total | 33 | 9 | 11 | 9 |

| | |
|---|---|
| Los Angeles | 000 001 030—4 |
| Atlanta | 000 720 00X—9 |

E—Linares. DP—Atlanta 1. LOB—Los Angeles 5. Atlanta 6. 2B—Landreaux. HR—Garvey (6). S—Pocoroba, Perry, Thomas.

| Los Angeles | IP | H | R | ER | BB | SO |
|---|---|---|---|---|---|---|
| Valenzla L,8-2 | 3⅓ | 6 | 7 | 7 | 2 | 2 |
| Forster | 1⅓ | 5 | 2 | 2 | 1 | 2 |
| Sutcliffe | 3 | 0 | 0 | 0 | 0 | 0 |
| Atlanta | | | | | | |
| Perry W, 4-3 | 8 | 9 | 4 | 4 | 1 | 3 |
| Camp | 1 | 1 | 0 | 0 | 0 | 1 |

HBP—By Valenzuela (Pocoroba). T—2:37. A—26,597

| ATLANTA | ab | r | h | bi | LOS ANGELES | ab | r | h | bi |
|---|---|---|---|---|---|---|---|---|---|
| Royster 3b | 4 | 0 | 0 | 0 | Thomas 2b | 3 | 1 | 2 | 3 |
| Harper rf | 3 | 0 | 1 | 0 | Monday rf | 4 | 1 | 1 | 2 |
| Linares lf | 4 | 0 | 1 | 0 | Baker lf | 4 | 0 | 0 | 0 |
| Murphy cf | 4 | 1 | 1 | 0 | Garvey 1b | 4 | 0 | 0 | 0 |
| Chamblss 1b | 4 | 1 | 1 | 0 | Cey 3b | 4 | 0 | 1 | 0 |
| Hubbard 2b | 4 | 0 | 0 | 0 | Guerrero cf | 4 | 1 | 1 | 0 |
| Benedict c | 4 | 0 | 2 | 0 | Scioscia c | 3 | 1 | 2 | 0 |
| Ramirez ss | 3 | 0 | 0 | 0 | Frias ss | 2 | 1 | 1 | 0 |
| Boggs p | 2 | 0 | 0 | 0 | Valenzla p | 2 | 0 | 0 | 0 |
| Nhrdny ph | 1 | 0 | 1 | 1 | | | | | |
| Montfsco p | 0 | 0 | 0 | 0 | | | | | |
| Total | 33 | 2 | 7 | 2 | Total | 30 | 5 | 8 | 5 |

| | |
|---|---|
| Atlanta | 000 000 200—2 |
| Los Angeles | 200 010 200—5 |

LOB-Atlanta 6. Los Angeles 4. 2B—Linares, Murphy, Cey. HR—Monday (5). S—Valenzuela. SF—Thomas.

| Atlanta | IP | H | R | ER | BB | SO |
|---|---|---|---|---|---|---|
| Boggs L, 1-8 | 6 | 4 | 3 | 3 | 0 | 6 |
| Montefusco | 2 | 4 | 2 | 2 | 0 | 0 |
| Los Angeles | | | | | | |
| Valenzla W, 9-2 | 9 | 7 | 2 | 2 | 2 | 11 |

HBP—By Boggs (Frias). T—2:09. A—49,136.

## June 6

| LOS ANGELES | ab | r | h | bi | CHICAGO | ab | r | h | bi |
|---|---|---|---|---|---|---|---|---|---|
| Thomas 2b | 4 | 2 | 1 | 0 | DeJesus ss | 2 | 2 | 0 | 0 |
| Landreux cf | 5 | 1 | 2 | 2 | Dillard 2b | 5 | 0 | 1 | 1 |
| Baker lf | 4 | 0 | 2 | 2 | Buckner 1b | 5 | 0 | 2 | 3 |
| Garvey 1b | 5 | 0 | 1 | 0 | Morales cf | 5 | 1 | 1 | 0 |
| Cey 3b | 3 | 0 | 2 | 0 | Cruz lf | 3 | 3 | 3 | 1 |
| Guerrero rf | 3 | 0 | 0 | 0 | Lezcano rf | 5 | 1 | 1 | 1 |
| Scioscia c | 4 | 1 | 2 | 0 | Reitz 3b | 2 | 1 | 1 | 0 |
| Russell ss | 3 | 1 | 2 | 0 | Davis c | 3 | 1 | 1 | 2 |
| Valenzla p | 1 | 0 | 0 | 0 | Caudill p | 0 | 0 | 0 | 0 |
| Castillo p | 0 | 0 | 0 | 0 | McGlthn p | 1 | 0 | 0 | 0 |
| Jhnstne ph | 1 | 0 | 0 | 0 | Tyson ph | 1 | 1 | 1 | 3 |
| Sutclffe p | 0 | 0 | 0 | 0 | Eastwck p | 1 | 0 | 0 | 0 |
| Monday ph | 0 | 0 | 0 | 1 | Waller ph | 1 | 1 | 1 | 0 |
| Howe p | 0 | 0 | 0 | 0 | Capilla p | 0 | 0 | 0 | 0 |
| Total | 33 | 5 | 12 | 5 | Total | 34 | 11 | 11 | 11 |

Los Angeles   220 000 010—5
Chicago       010 610 03X—11

E—Davis. DP—Chicago 2. LOB—Los Angeles 8, Chicago 7. 2B—Landreaux, Buckner, Cruz, Scioscia, Waller. 3B—Landreaux, Morales. HR—Cruz (6), Tyson (2). SB—DeJesus. S—Valenzuela. SF—Baker, Davis, Monday.

| Los Angeles | IP | H | R | ER | BB | SO |
|---|---|---|---|---|---|---|
| Valenzla L.9-3 | 3⅓ | 6 | 7 | 7 | 3 | 4 |
| Castillo | 1⅔ | 2 | 1 | 1 | 1 | 1 |
| Sutcliffe | 2 | 0 | 0 | 0 | 0 | 0 |
| Howe | 1 | 3 | 3 | 3 | 3 | 1 |
| **Chicago** | | | | | | |
| Caudill | ⅔ | 3 | 2 | 2 | 1 | 0 |
| McGlothn W.1-3 | 3⅓ | 4 | 2 | 2 | 2 | 2 |
| Eastwick | 4 | 5 | 1 | 1 | 1 | 1 |
| Capilla | 1 | 0 | 0 | 0 | 0 | 1 |

T—2:58. A—30,556.

---

## June 11

| LOS ANGELES | ab | r | h | bi | ST. LOUIS | ab | r | h | bi |
|---|---|---|---|---|---|---|---|---|---|
| Thomas 2b | 4 | 0 | 1 | 0 | Herr 2b | 4 | 0 | 0 | 0 |
| Landreaux cf | 4 | 1 | 0 | 0 | Templetn ss | 4 | 0 | 0 | 0 |
| Baker lf | 4 | 0 | 3 | 1 | Hernandz 1b | 2 | 1 | 0 | 0 |
| Garvey 1b | 3 | 0 | 0 | 0 | Hendrick cf | 3 | 1 | 1 | 2 |
| Smith ph | 1 | 0 | 0 | 0 | Lezcano rf | 2 | 0 | 0 | 0 |
| Cey 3b | 4 | 0 | 1 | 0 | Oberkfell 3b | 3 | 0 | 0 | 0 |
| Guerrero rf | 3 | 0 | 0 | 0 | Tenace c | 3 | 0 | 1 | 0 |
| Scioscia c | 3 | 0 | 0 | 0 | Landrum lf | 3 | 0 | 1 | 0 |
| Russell ss | 2 | 0 | 0 | 0 | Martinez p | 3 | 0 | 0 | 0 |
| Johnstone ph | 1 | 0 | 0 | 0 | Sutter p | 0 | 0 | 0 | 0 |
| Frias ss | 0 | 0 | 0 | 0 | | | | | |
| Valenzuela p | 2 | 0 | 0 | 0 | | | | | |
| Monday ph | 1 | 0 | 1 | 0 | | | | | |
| Howe p | 0 | 0 | 0 | 0 | | | | | |
| Totals | 32 | 1 | 6 | 1 | Totals | 27 | 2 | 3 | 2 |

Los Angeles   000 001 000—1
St. Louis     200 000 00X—2

DP—St. Louis 1. LOB—Los Angeles 5, St. Louis 4. 2B—Baker, Hernandez. HR—Hendrick (10). SB—Baker, Hernandez.

| Los Angeles | IP | H | R | ER | BB | SO |
|---|---|---|---|---|---|---|
| Valenzuela (L9-4) | 7 | 3 | 2 | 2 | 3 | 0 |
| Howe | 1 | 0 | 0 | 0 | 0 | 1 |
| **St. Louis** | | | | | | |
| Martinez (W 2-4) | 7⅓ | 5 | 1 | 1 | 1 | 0 |
| Sutter (S11) | 1⅔ | 1 | 0 | 0 | 0 | 2 |

T—2:01. A—39,250.

# FERNANDO!

rnando Valenzuela
the mound.

**rnando Valenzuela
el montículo.**

IMES · JAYNE KAMIN

Nine-year-old Fernando.
**Fernando a los nueve años.**

The home of Fernando's parents
in Etchohuaquila, Sonora.
**Casa de los padres de Fernando
en Etchohuaquila, Sonora.**

Fernando's family.
**La familia de Fernando.**

Fernando's brothers—(from left to right)
Daniel, Avelino, Francisco, and Manuel—on the
field where they learned to play baseball.

**Los hermanos de Fernando—(de izquierda a derecha)
Daniel, Avelino, Francisco y Manuel—
en el campo donde aprendieron a jugar béisbol.**

LA TIMES · JÓSE GÁLVEZ

Fernando's two brothers and nephew waiting
to watch Fernando pitch the "Game of the Week."
**Dos hermanos y un sobrino de Fernando
esperan verlo lanzar en el "Juego de la Semana."**

Etchohuatquila, Sonora, Fernando's birthplace.

**Etchohuaquila, Sonora, lugar de nacimiento de Fernando.**

Fernando attended Hidalgo y Costilla School.

**Fernando cursó estudios en la Escuela Hidalgo y Costilla.**

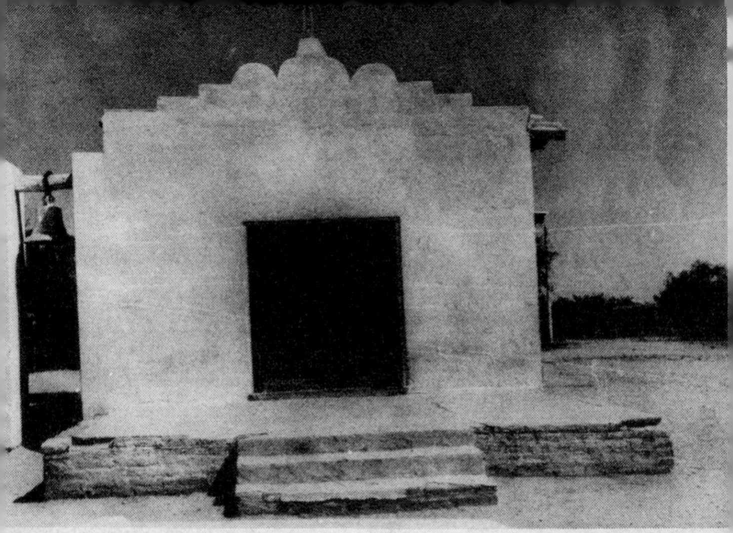

The Chapel in Etchohuaquila where Fernando received his First Communion.

**La capilla en Etchohuaquila donde Fernando hizo la Primera Comunión.**

WIDE WORLD PHOTOS

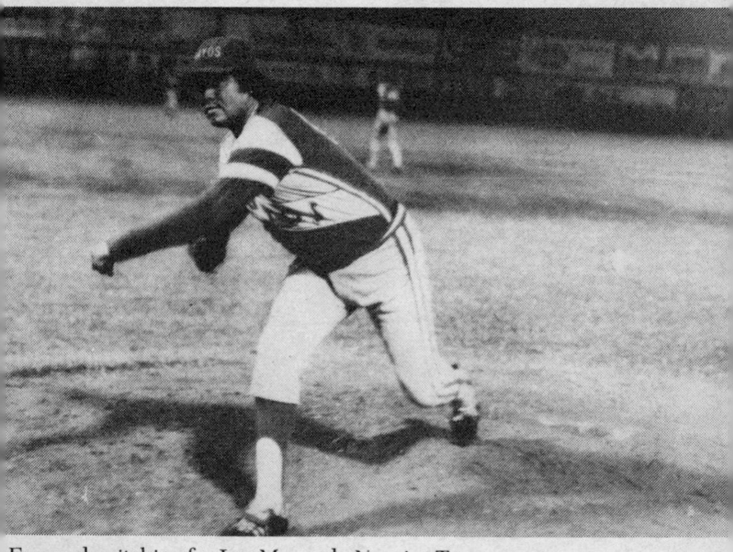

Fernando pitching for Los Mayos de Navajoa Team.

**Fernando lanzando para el equipo Los Mayos de Navajoa.**

WIDE WORLD PHOTOS

Fernando with Mexican actress Elsa Aguirre
and his agent in the U.S., Tony de Marco.
**Fernando y Tony de Marco, su agente en los
EE. UU., con la actriz mexicana Elsa Aguirre.**

Mike Brito, the Cuban scout
who discovered Fernando.

**Mike Brito, el scout cubano
que descubrió a Fernando.**

LA HERALD EXAMINER · ROB BROWN

The windup and the pitch.
**Fernando se prepara y lanza la pelota.**
WIDE WORLD PHOTOS

Fernando
gets a hit.
**Fernando batea
un sencillo.**
LA TIMES · JOE KENNEDY

A fan shows her
appreciation.

**Una aficionada
muestra su aprecio.**

Ron Cey and Mike Scioscia congratulate Fernando after
his fifth shutout in seven starts, against the Mets.

**Ron Cey y Mike Scioscia felicitan a Fernando al
completar su séptimo juego. Esta victoria contra los
Mets fue la quinta en que no permitió carreras.**

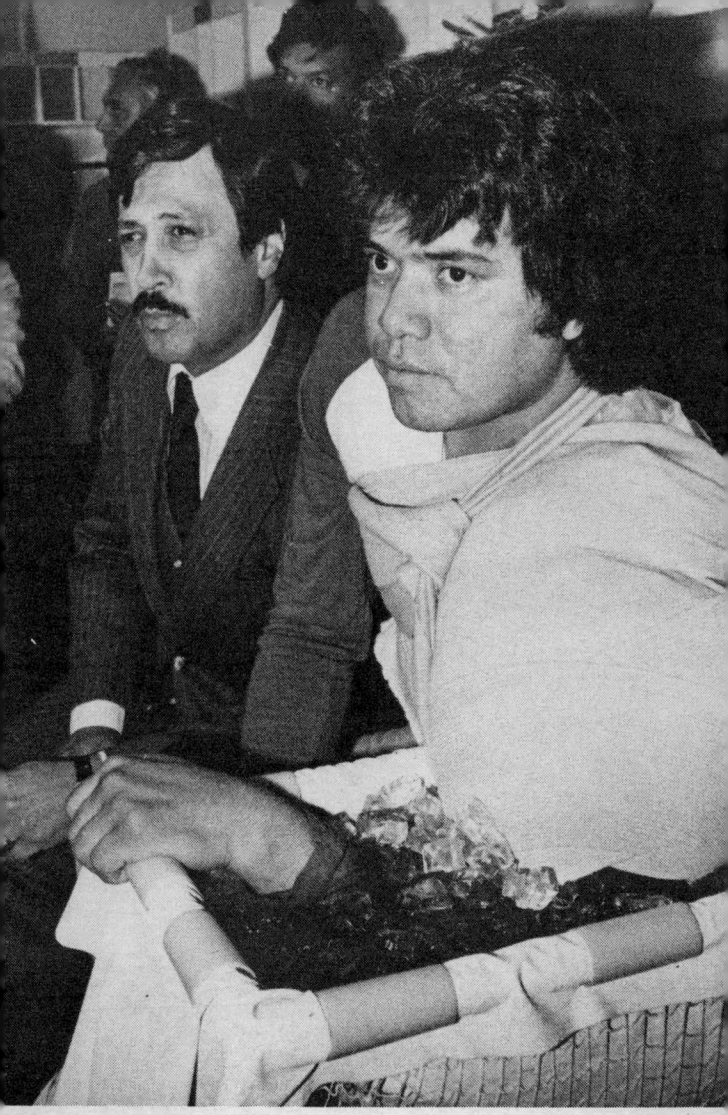

Fernando cooling his "hot"
arm after his seventh straight win.

**Fernando se enfría el brazo
"caliente" después de su
séptima victoria.**

UPI

Fernando responds to
the cheers of 49,478 fans
at Dodger Stadium after
reaching first base.
He went on to beat the
Giants 5-0 for his fifth
consecutive win of the season.

**Fernando reacciona a los
aplausos de 49,478 aficionados
en Dodger Stadium tras
llegar a primera base. Luego
venció a los Giants 5-0
en su quinta victoria
consecutiva de la temporada.**

LA TIMES · JAYNE KAMIN

Fernando signing autographs for his fans.
**Fernando firma autógrafos para sus aficionados.**
LA TIMES · JAYNE KAMIN

Fernando with Tom LaSorda,
his manager and
some-time translator.
**Fernando con Tom LaSorda,
su manager y de vez en
cuando traductor.**

COURTESY OF THE LA DODGERS

Fernando meets the press.
**Fernando ante la prensa.**
LA TIMES · JOE KENNEDY

Fernando
demonstrates
his winning
style.
**Fernando
muestra
cómo gana
los juegos.**
LA HERALD EXAMINER ·
ANNE KNUDSEN

Fernando
greeting the
nighttime
crowd.

**Fernando
saluda al
público en
un juego
nocturno.**

LA HERALD EXAMINER ·
ROB BROWN

# FERNANDO!

# ¡Fernando!

*(en Español)*

*Traducción de Julián Reyna*

# Capítulo 1

Era difícil asociar el sonido con la imagen. La escena en la pantalla de televisión presentaba un estadio de béisbol, pero los sonidos eran definitivamente los de una plaza de toros—gritos de "¡Olé!", trompetas anunciando la entrada del matador y música de mariachis.

Era uno de los anuncios de promoción de 30 segundos patrocinados por Las Ligas Mayores que se presentan entre las entradas en los juegos de béisbol. Con el título de "Fiebre de Béisbol", estos anuncios cortos se han preparado con el objeto de convencer al público de que el deporte de béisbol todavía es el deporte favorito nacional y que siempre lo será. Pero este anuncio era muy especial porque presentaba a un novato lanzador que apenas había completado ocho juegos y quien era, virtualmente, un desconocido total para el público hacía sólo un mes.

El anuncio comercial era una obra maestra de montaje. Contra el ruido de los "¡Olés!", una figura con uniforme de los Dodgers se adelanta hacia el montículo con la dignidad y determinación de un matador con sobrepeso, frotando el montículo con el pie unas cuantas veces (semejante a un toro), prepara su lanzamiento y sin esfuerzo alguno poncha al primer bateador con su lanzamiento. Al aumentar el "crescendo" de los aplausos contra el sonido estridente de las trompetas, el film se convierte en un montaje de imágenes de la cara redonda del novato beisbolista de cabello lacio: bateando, formando globos con chicle, tomando instantáneas de sus

61

compañeros de equipo, cambiando con ellos la tradicional palmada de los Dodgers y, finalmente, alejándose del montículo mientras que los "¡Olés!" se elevan en un estruendoso final. El comercial marcó oficialmente lo que ya se conocía como "Fernandomanía."

Cuando los Dodgers de Los Angeles empezaron su temporada del año 1981, no existía ningún indicio de la histeria que se manifestaría.

El novato, Fernando Valenzuela, fue la sorpresa en el partido de apertura contra el equipo de Houston esa tarde de abril cuando inauguró la temporada. El público estaba bien enterado de que Fernando había lanzado bien como relevo durante las dos últimas semanas de la temporada de béisbol de 1980 y que había sido seleccionado como uno de los principales jugadores alternativos en la primavera siguiente. En el día de apertura, los fanáticos se preocupaban. ¿Cómo es posible que un joven mero sustituto de los lanzadores del equipo de los Dodgers a causa de una serie de lesiones, pueda desempeñarse a la altura del equipo que había ganado el título de la división en la temporada anterior?

Pero, en el vestidor de los Dodgers no se notaba ninguna preocupación. Reinaba lo opuesto. El dirigente, Tom Lasorda, se mostraba completamente calmado mientras entretenía en su oficina a Frank Sinatra, un fanático de los Dodgers. Cuando a Jerry Reuss (ganador de 18 juegos en 1980 y el lanzador que estaba programado para lanzar en el día de apertura,) le presentaron a Frank Sinatra, aquel dijo, "no entendí cuál era su nombre."

Fernando mostró menos preocupación. Después de practicar su batazo, se acostó sobre una mesa de entrenadores para descanzar y, para el asombro de sus compañeros, se quedó dormido.

Fernando, al salir del cobertizo de espera hacia el montículo, con su manera peculiar de andar, abriéndose camino con su ancho pecho y enorme barriga, todavía no era conocido por los fanáticos de los Dodgers. No se oyeron "olés" para recibirlo. Su primer lanzamiento resultó ser una lanzamiento tirabuzón que pasó por la esquina izquierda del plato. Terry Puhl, trató de batearla en vano. La multitud aclamó con aprobación. Fernando permitió un hit en la primera entrada a Craig Reynolds, pero Reynolds no pasó más allá de la segunda base. Fernando permitió a los Astros una base por bola en la segunda partida, otra en la tercera, un hit en el diamante en la cuarta, y nada en la quinta. Siguió haciendo lo mismo anotando nada más que ceros en el tablero de resultados en el estadio de los Dodgers para la formación del equipo de Houston.

Hacía menos de dos años que los Dodgers habían comprado el contrato de Fernando del Puebla, un equipo de la Liga Mexicana. Su experiencia en la Liga Mayor se limitaba a 27 días y a 17-2/3 entradas como lanzador de relevo. Los Dodgers se habían mudado de Brooklyn a Los Angeles en 1958, y nunca se les había asignado a un novato que iniciara en un juego de apertura.

Fernando estaba programado para jugar en el tercer partido, pero el día antes del primer juego de la temporado, Reuss se lastimó un músculo de la pantorilla cuando practicaba su bateo y Burt Hooten, próximo en la formación, sufría de un doloroso uñero. Otros dos principales, Bob Welch y Dave Goltz, tuvieron que salir fuera del parque a causa de dolores y lesiones. Un miércoles, Fernando había practicado su lanzamiento por quinces minutos de práctica al bate. El dirigente de los Dodgers, Lasorda, decidió la formación para el siguiente día, y Fernando fue nombrado para jugar contra los Astros.

El año anterior, cuando Fernando lanzaba tan bien al fin de la temporada, sus compañeros, bromeando, decían que Fernando, como no hablaba inglés, no sabía a cuál liga pertenecía o para quien lanzaba. Pero esa broma pronto se terminó. Fernando hablaba poco pero no cabía duda de que sabía exactamente lo que estaba haciendo. Aunque tenía solamente 19 años cuando empezó a jugar, sus aspiraciones no diferían de las de la mayoría de los jugadores de béisbol. La única diferencia era que él había empezado mucho más joven.

Fernando nació el 1 de noviembre de 1960 en el pequeño pueblo de Etchohuaquila en el estado de Sonora, México, el menor de doce hijos. Con seis hermanos mayores, Fernando aprendió a jugar béisbol antes que pudiera leer o escribir. Ya para los quince años había firmado su primer contrato profesional, a los dieciocho pertenecía a los Dodgers y a los diecinueve pertenecía a las Ligas Mayores. Y a los veinte llegó a ser una sensación internacional.

En 1981, durante su primera temporada como jugador regular en las ligas mayores, la muchedumbre lo persiguía, lo mismo que fotógrafos y reporteros de todas partes del mundo. Los estadios se abarrotaban cuando Fernando lanzaba. Parecía que Fernando se estaba erigiendo su propio Pabellón de la Fama.

El célebre pintor de deportistas, Leroy Neiman, captó la mejor efigie de sus características físicas y personales cuando lo dibujó en el estadio de Shea durante un partido con los Mets: su cuerpo corpulento pero bien coordinado; sus músculos aparentemente fláccidos aunque en realidad capaces de gran esfuerzo físico; su redonda cara, arrugada alrededor de los ojos; su boca a punto de sonreir. De alguna manera, la simpática personalidad de este joven poco sofisticado, que no hablaba una sola palabra de inglés, capturó, desde el montículo de lanzador, los corazones de los fanáticos de todas partes.

Esos indicios ya eran notables cuando se celebró el primer juego. Fernando se confrontó con una difícil situación en la sexta entrada cuando un doble de Cesar Cedeño logró poner a dos de sus compañeros en segunda y tercera después de sólo un out. Fernando permitió que el temible José Cruz le pegara levemente a la pelota hacia el jardín corto, y que Art Howe bateara una directamente hacia él. El matador Fernando se adueñó de la pelota lanzándola a primera para otro out. Aumentaba el clamor de la multitud.

La fórmula de Fernando se compone de varias facetas. Una parte es su deseo, otra su seguridad y otra parte es su lanzamiento tirabuzón. El lanzamiento tirabuzón, una curva invertida, es un lanzamiento difícil de dominar. A Carl Hubbell, del Pabellón de la Fama e inventor del lanzamiento, le tomó ocho años para perfeccionarlo. Fernando, en cambio, perfeccionó el lanzamiento tirabuzón en dos años, y muchos decían que era el mejor desde Hubbell.

A la vez de que los Astros luchaban por hacer contacto con el lanzamiento de la pelota, tendían a concordar con esa evaluación. Fernando se hacía más fuerte y su lanzamiento tirabuzón más evasivo. Uno a uno fue ponchando a los Astros en la séptima entrada y otra vez en la octava. Los Dodgers habían anotado una carrera con el triple de Steve Garvey en la cuarta entrada y con la planchita de sacrificio de Ron Cey y luego en la sexta, cuando el doble de Pete Guerrero anotó la carrera de Garvey que estaba en tercera. Fernando lograba una ventaja de 2-0 en la novena entrada, y los fanáticos, extáticos, se percataban de que éste sería un día para recordar.

Tenían razón. En la novena entrada, Cedeño pegó lanzamiento tirabuzón, llegando a segunda base. José Cruz reboteó la pelota hacia tercera faltándole a los Dodgers solamente un out para ganar la victoria. Los fanáticos permanecían parados vitoreando, pero se pospuso la celebración cuando Art Howe llegó a primera base con su bola hacia el jardín central. El aplauso rítmico empezó de nuevo mientras que Dave Roberts falló dos veces a los lanzamientos de Fernando. El siguiente lanzamiento fue un tirabuzón, que le fue imposible de batear a Roberts ¡strike tres! Fernando era el triunfador, lanzando cinco hits pero evitando carreras.

Empezó la celebración. Mike, el receptor, abrazó al lanzador y cada uno de los Dodgers le dieron a Fernando sus felicitaciones. La muchedumbre gritaba repetidamente el nombre, "Fernando, Fernando," y parecía que hasta en México retumbaba el eco. Fernando era un lanzador en los Estados Unidos, pero ya era un ídolo en su propio país.

El célebre bateador, Reggie Smith, explicó muy bien el acontecimiento: "Yo he jugado béisbol por veinte años y nunca he visto a nadie como él. Dios en el cielo lo ha bendecido, lo ha tocado en el hombro. Es uno del calibre de Willie Mays o Hank Aaron."

"¡Olé!"

# Capítulo 2

**Fernandomanía** (fer nän do má ni ə) s. 1. El
estado de estar loco por Fernando Valenzuela,
el lanzador de los Dodgers de Los Angeles 2.
Una enfermedad por la cual no hay remedio 3.
Una enfermedad de la cual nadie quiere
aliviarse.

¡**Fernandomanía:** *Asistencia*

Nunca en la historia del béisbol ha tenido un jugador
tanto impacto inmediato en el deporte. Parte de ésto se
refleja en el número de personas que asiste a los juegos. En
los primeros 10 partidos que Fernando lanzó, el promedio de asistentes era de 40,000; ésto se compara con un
promedio de 20,500 para todos los partidos jugados en la
Liga Nacional durante el mismo período. Fernando, a
quien le pagaron $42,500 en 1981, ha sido una mina de oro
para los dueños del equipo. El promedio de los fanáticos
de los Mets a principios del mes de mayo era de 11,000,
cuando 39,848 fueron a verlo lanzar. Cuando los Dodgers
cambiaron la rotación de los lanzadores, ofrecieron
cambiar los boletos a aquellas personas que los habían
comprado bajo la impresión de que Fernando iba a lanzar
el martes en vez del lunes, quizás la primera vez que se
había efectuado esa acción por un club de béisbol. En
realidad, los Dodgers se acercaban al récord de admisiones de más de 1,000,000 pagadas antes del primero de
junio. La Fernandomanía es rampante en la Ciudad de
Los Angeles.

## ¡Fernandomanía! *La explosión publicitaria*

Al principio, los medios de publicidad veían a Fernando como un objeto de curiosidad. Su estatura desgarbada, su manera tímida, el hecho de que era oriundo de México, combinado con su lanzamiento tirabuzón, representaban en conjunto un tema interesantísimo. Más interesante era el hecho de que no hablaba inglés. Por supuesto, cuando un novato participa en la formación de apertura de la nueva temporada de béisbol, es con-siderado como un acontecimiento importante. Y cuando se retiró del montículo triunfante, éso también es digno de notar en las páginas deportivas de los periódicos. Ya para cuando llegó a 3–0 con dos blanqueadas, Fernando era objeto de titulares. Muy pronto aparecía su imagen en la cubierta de las revistas nacionales. Finalmente, las entre-vistas particulares se prohibieron; realmente no había suficiente tiempo para responder a todas. Como dice uno de sus compañeros, "No tiene ni tiempo para entrar en calor."

La solución era permitir una conferencia de prensa, algo sin precedentes en el mundo del béisbol. En el estadio de los Dodgers, confería una de estas conferencias antes del juego y otra después. Cuando los Dodgers se encontraban fuera de su estadio, programaban una conferencia de prensa para el primer día en cada ciudad, dejándole el resto del tiempo libre a Fernando con la excepción de algunas entrevistas después de los juegos.

En las conferencias de prensa, Jaime Jarrin, el locutor de la cadena hispana y quien hace de intérprete, ha sabido comunicar bien la sencillez, la humildad y la gentileza de Fernando. A la pregunta más frecuente, cuando continuaba ganando partidos, "¿Cuánto tiempo espera Ud. seguir ganando sin perder?," Fernando siempre repetía algo así: "Tiene que terminarse tarde o temprano," y por lo general daba la impresión de que se preocubaba menos sobre el asunto que el que le preguntaba.

El punto culminante en los medios publicitarios fue la invitación al programa de televisión, "Good Morning,

America", aunque sabían que él no hablaba inglés. Había sido programado pero no se presentó. Nadie ha podido determinar por qué no asistió a tal programa, pero se supone que su timidez quizás fuera la razón.

## ¡Fernandomanía! *"The Big Apple"*

La ciudad de Nueva York es el centro de los medios publicitarios, y cuando Fernando lanzó allí el 8 de mayo, los publicistas de todo el mundo se concentraron en él. Había en esa ocasión 200 representantes de la prensa con sus credenciales para asistir a ese partido, iniciando la cadena internacional más grande de la radio y la televisión improvisada que se había congregado para hacer sus reportajes a mediados de la temporada de béisbol. La cadena incluía a los Dodgers, una cadena mexicana con locutores en la ciudad de México, D. F., anunciando mientras observaban un monitor de imágenes, así como personal de una cadena venezolana. Además, se encontraba personal de las tres cadenas televisoras principales de los Estados Unidos, más personal de los departamentos noticieros de las estaciones transmisoras locales. La escena era evocativa de la Serie Mundial y lo mismo era sus "ratings." La estación KTTV de Los Angeles contó con 47% de espectadores ese viernes por la noche. Cuando Fernando apareció por primera vez en el Partido de la Semana en la cadena de NBC, obtuvo el porcentage más alto de televidentes de la temporada. La familia de Fernando lo vio por primera vez en la televisión cuando jugó con los Mets. Todos se reunieron alrededor de la televisión en la sala pero Fernando no tuvo la oportunidad de decir "Hasta la vista, madre," ni siquiera "¡Hola, mamá!", Estaba muy ocupado en su quinta blanqueada.

## ¡Fernandomania! *La dieta*

La gordura *puede* ser bella. Cuando Fernando salió de su entrenamiento de primavera, pesaba 190 libras, un sobrepeso de, par lo menos, diez libras. La mayoría de los jugadores han sido puestos en un régimen diario de calistenia y a dieta por el entrenador del equipo, pero no Fernando. Los Dodgers no querían interrumpir la maquinaria que estaba funcionando tan eficazmente.

Durante la serie de ocho juegos, el peso de Fernando aumentó a 204 libras sin una protesta de la gerencia de los Dodgers. Pero cuando perdió a los de Atlanta, el asunto del peso de Fernando instigó discusiones entre la alta jerarquía.

Finalmente se decidió que la cantidad de comida y bebida de Fernando tenía que ser reducida y le dieron la responsabilidad de dirigir su dieta a Mike Brito. Ya para la segunda vez que se confrontaron con Atlanta, logrando 5-2, había perdido cuatro libras y había bajado a un peso de 200 libras. La pérdida de peso se logró limitándole las comidas a dos al día: el desayuno y la cena, eliminando las sodas, la cerveza y las tortillas.

No parece que los Dodgers se interesan por el tamaño de la cintura de Fernando si éste siguiera ganando juegos. Si empieza una nueva racha de victorias mientras tiene un exceso de peso es probable que los Dodgers le preparen un fiestón de manjares en el cobertizo de espera.

### ¡Fernandomanía! *"Olé"*

El gigantesco aparato de televisión en el estadio de los Dodgers se encuentra detrás del jardín izquierdo y en él se ve únicamente la imagen del montículo y unos pies en movimiento. La imagen se hace cada vez mayor, mostrando luego las piernas y después un cuerpo pesado. Los fanáticos más conocedores empiezan a aplaudir. De súbito, todo el mundo observa. Se empieza a distinguir, entonces, el número 34 y el clamor aumenta. Finalmente, se ve Fernando completamente y todo el estadio retumba con un "¡Olé!". Es un grito nuevo en el estadio que lo sigue de ciudad a ciudad. ¡Olé! No es torero pero lanza una lanzamiento tirabuzón tan mortal como la espada de un matador. ¡Olé! El famoso locutor de la radio y de la televisión para los Dodgers, Vin Scully, describe la acción: "Rafael Ramírez devuelve la pelota con su bateo al montículo y después de cogerla, Fernando la lanza a Garvey. Se termina el partido. Ha ganado su noveno. ¡Olé! De nuevo, la pantalla del estadio alterna con las palabras "¡Viva!" y "¡Fernando!", y Scully termina con las palabras "¡Mucho gusto, Fernando!"

### ¡Fernandomanía! *Símbolo sexual*

No se parecerá a Robert Redford o a Erik Estrada pero Fernando tiene a la chicas diciendo más que "¡Olé!". Cada vez que Fernando lanza en el estadio de los Dodgers, hay muchos grupos de chicas, muchas de ellas chicanas, que vienen a ver a su ídolo jugar. Una pepilla, muy impresionada por él, vestida con camisa de jersey con el número 34 visible, bajó por las graderías, brincó sobre una muralla y corrió sobre el diamante para darle un arrebatado beso. Fernando estaba demasiado tímido para responder. Mientras los guardias de vigilancia la sacaban de allí, ella probablemente no sabía el impacto que tendría su acción. Se había establecido Fernando en el mundo de los deportes como el nuevo y menos esperado símbolo sexual.

### ¡Fernandomania! *Primera visita a los muchachos*

El volante de propaganda decía, "¡Un día para recordar! La primera visita de Fernando a la comunidad de Los Angeles." De costumbre, los Dodgers visitan a los chicos de las comunidades pero ésta era la primera de Fernando. Los Dodgers eligieron la comunidad de City Terrace Park para el debut de Fernando en el Este de Los Angeles donde la población es predominantemente chicana. Estas visitas de los Dodgers generalmente atraen quizás un promedio de 350 personas, pero esta vez 3,000 personas fueron a ver a Fernando y a cuatro de sus compañeros. Fernando llegó en un camión de alguacil y fue conducido a través de la multitud por más de una docena de policías y guardias. Cuando finalmente llegó al podio, le presentaron un ramo de rosas.

El sumamente tímido Fernando casi no sabía cómo responder a tanta efusividad. Era poco lo que él podía.

contribuir con su visita a los chicos pero explicó cómo lanza la lanzamiento tirabuzón y de vez en cuando decía en español "Es un placer para mí estar con ustedes hoy otra vez." Su padre, don Avelino, quien visitaba los Estados Unidos por primera vez, se veía tan perplejo como Fernando.

Al final de la visita, más de 1,000 personas hicieron cola para pedirle su autógrafo. Finalmente, trató de escaparse y se metió en una sala desocupada con el letrero "Damas". Hubiera sido igual de haberse metido en la sala de "Caballeros". Hasta allí lo hubieran atrapado para conseguir su autógrafo.

### ¡Fernandomanía!   *"Fernandos"*

¿Posee Ud. una tarjeta de béisbol de Fernando? Más vale que la envuelva en plástico y la mantenga fuera del alcance de perros . . . y de chicos. Mejor todavía sería si Ud. se apresurara al banco y la depositara en una caja de seguridad junto a sus joyas y títulos de propiedad. El costo al detal de las tarjetas de Fernando, así como todas las tarjetas de béisbol, son de un centavo. Dos semanas después de empezar la temporada de béisbol, las tarjetas de "Fernando" valían un dólar. Según los enterados, una tarjeta de "Fernando" tendrá el valor de $5 más rápido que lo que toma al diablo rascarse un ojo.

### ¡Fernandomanía!   *Souvenirs*

La lista de chucherías sobre Fernando va más allá de las tarjetas de goma de mascar. La lista incluye también:

Camisetas. Una de las más populares tiene un corazón grande con el retrato de Fernando en el medio. No sólo elocuente en su simplicidad sino que también es, por supuesto, bilingüe.

Discos. Uno está intitulado "La leyenda de Fernando." La marca, sin duda alguna, lleva el título de Screwball Records (Discos Lanzamiento Tirabuzón).

Juguetes de toros. Grandes o pequeños. De plástico o rellenos. El apodo de Fernando, por supuesto, es "El Toro."

Banderines. De todas clases, con inscripciones que

decen desde "Viva Fernando" hasta "Te amamos Fernando."

Una chuchería predilecta es una pelota de béisbol autografiada por Fernando. Pero no es fácil conseguirla. Entre las personas que la han pedido son Jo Lasorda, la esposa del dirigente, y Miss Lillian, la madre del expresidente Carter.

## ¡Fernandomanía: *Endosos*

Tomó algún tiempo, pero Fernando finalmente entró en la Fernandomanía. Su agente, Antonio DeMarco, se encarga de todos los endosos y otros trámites de negocio. El primer trato que firmó DeMarco se relacionaba con los carteles. El primer arreglo garantiza a Fernando $50,000, y eso no incluye los derechos mexicanos. Otros endosos que el Sr. DeMarco está considerando son los de la goma de mascar, refrescos y automóviles, pero la urgencia para usar el nombre de Fernando es tan intensa que DeMarco ha decidido proceder con precaución. Una cosa es segura: el nombre y la cara de Fernando será una parte del mundo de publicidad por algunos años.

Nota: La compañía de carteles ha imprimido 75,000 carteles de Fernando en la primera imprenta, la imprenta más grande que jamás se ha hecho de esta índole. ¡Olé!

## ¡Fernandomanía! *El caso de las tarjetas perdidas*

Los anuncios de "autos perdidos" son abundantes en el departamento de policías de Los Angeles, pero un anuncio de "tarjetas perdidas" es algo único en su género. Esto ocurrió durante una de las buenas rachas de Fernando, causando mucho desconcierto de la policía. El departamento había ordenado 100,000 tarjetas de los Dodgers; y por no anticipar la Fernandomanía, ordenaron solamente 1,500 de Fernando. Las tarjetas se habían dejado sin vigilancia en cajas en el séptimo piso de las oficinas en el centro de la ciudad. Al investigar el despacho de ellas, alguien se dio cuenta de que las 1,500 tarjetas de Fernando no se encontraban; y sólo esas 1,500.

El departamento de policía regala las tarjetas (que

llevan la insignia de la policía en el reverso de la tarjeta) como muestras de buena voluntad. La policía las regala a los chicos de diferentes comunidades.

"Parece que alquien nos ha hecho una treta," dijo el teniente Dan Cooke, por el portavoz de la policía. Pero antes de que se empezara una investigación de la pérdida de las tarjetas, dos policías se declararon culpables y confesaron su delito. Éstos se habían adueñado de toda la distribución de tarjetas de Valenzuela para regalarlas a los equipos de las Ligas de Chicos que ellos patrocinaban. No se habían dado cuenta de que sus colegas echarían de menos las tarjetas en sus rondas. Ahora sí se dieron cuenta. Tuvieron que devolver todas las 1,500 tarjetas y conformarse con las tarjetas de los demás jugadores de los Dodgers.

## ¡Fernandomanía: *"Al sur del Río Grande"*

El intenso interés por Fernando en los Estados Unidos no se compara a lo que ocurre en México. Cuando Fernando triunfó en su octavo partido consecutivo, todos los periódicos de la capital de México tenían titulares del evento. Un encabezamiento leía, "A Valenzuela lo ha tocado Dios."

AF (Antes de Fernando) las cadenas en español que anuncian los partidos de los Dodgers eran dos en el área de Los Angeles. Ultimamente se han contado 27 radiodifusoras mexicanas en todo el país que se han relacionado a la cadena de los Dodgers. "¡Olé!"

## ¡Fernandomanía!" *"El toro"*

Parece que no hay fin a la histeria que existe. Por ejemplo, cuando el Herald-Examiner de Los Angeles promovió un certamen para elegir un apodo para Fernando, se recibieron 3,268 respuestas en dos semanas. Ganó "El Toro" con la sugerencia de 297 personas. Desafortunadamente, ese era el apodo que ya se encontraba en la lista de la guía de prensa de los Dodgers, por lo tanto, el certamen no logró mucho. Otros nombres sugeridos se referían más bien a su habilidad de comer que a lo que ocurría en el plato del diamante. Dos de las sugerenceas más interesantes fueron "Tortillas Gordas" y "Guacamole Grande". "¡Olé!"

**¡Fernandomanía:** *Los pasos de Fernando*

Los peregrinos que están visitando el pueblo de Etchohuaquila, el sitio de nacimiento de Fernando, aumentan cada día en número. Por supuesto que los medios de publicidad han llegado allí en gran número; y los fanáticos de Fernando que tienen curiosidad acerca de las raíces de su ídolo, han viajado a su pueblo. Todavía no existen letreros que digan "Aquí durmió Fernando," pero casi todos los pueblos que tienen un parque de pelota se enorgullecen, al decir que "Fernando jugó aquí." Y casi la mayoría dicen la verdad.

**¡Fernandomanía!** *¡Viva Fernando!*

Su presencia fue una sorpresa para todos nosotros. Nadie jamás había visto a alguien como Fernando. En nuestra época, cuando muchos de nuestros ídolos son anti-ídolos, Fernando se nos presenta. Era sencillo, inocente, sin contaminar aún. Se sorprendió tanto como cualquiera por su éxito y por la histeria que le rodeaba. Ha sabido sobrellevar su éxito y sus fanáticos le agradecen su paciencia. Algo como la Fernandomanía no se ve todos las días. Es algo para gozarse.

¡Viva Fernando!

# Capítulo 3

Fernando vino al mundo con la ayuda de una partera en la casa donde aún vive su familia. Es una casa típica de las de sus alrededores: construída hace unos 30 años, hecha de adobe blanqueado con techo de lodo y paja. Un portal conduce primero a la estancia principal que hace de sala de estar familiar y de recámara para los chicos; por un pasillo sigue hacia la cocina y a una recámara. Cuando Fernando pasaba su infancia en compañía de sus seis hermanos y cinco hermanas, creía que su casa era muy grande. Y, sin duda, era más grande que algunas en ese pobre pueblo de labranza de Etchohuaquila.

Es un terreno duro, tierra adentro por el Golfo de California, al sur del puerto pesquero de Guaymas. Rocoso y desértico, el terreno está cubierto de nopales e interrumpido sólo por solares para el cultivo; algunos son grandes y productivos, pero la mayoría son pequeños e infértiles. Un río corre cerca de Etchohuaquila, pueblo de unos 250 habitantes que no cuenta con un sistema de irrigación para las cosechas.

Cuando el padre de Fernando era joven trabajaba para el hacendado que era dueño de casi todo lo que hoy es Etchohuaquila. En 1917, con la Reforma Agraria, empezó en México el proceso de dividir las fincas grandes en ejidos, tierra dada en propiedad común de todos los habitantes de un pueblo, al estilo tradicional de las comunidades indias. Un ejido típico está formado por una extensión de tierra cultivable con pasturaje y por el fundo legal. Los solares familiares no se pueden vender, pero pueden pasarse de una generación a otra, creando así en los niños la lealtad de permanecer en esa tierra; prueba de ello es el que todos los hijos de la familia Valenzuela, excepto Fernando, todavía viven en el mismo solar.

Dentro del ejido no hay gobierno, ni siquiera un letrero que indique que exista. Sólo un granjero de la comunidad actúa como líder y se encarga de reunir a los demás periódicamente para discutir los asuntos del ejido. No es fácil vivir en un ejido pero Fernando nunca sintió las carencias en él. Lo que sí hay es mucho entusiasmo, cariño calor familiar, y un profundo sentido de comunidad, sentido que es evidente cada vez que lanza Fernando. En Etchohuaquila todo el mundo se reúne alrededor del radio, aplaudiendo cada triunfo de Fernando y regocijándose de sus ardientes victorias. Los niños del pueblo se saben de memoria y recitan su récord como si fueran sus propias lecciones escolares. Cuando Fernando era niño, su ídolo era Héctor Espino, el Babe Ruth de México quien jugó en la Liga Mexicana de la Costa del Pacífico. Fernando, al que algunos llaman "el Sandy Koufax de México", ahora es oficialmente el ídolo de Etchohuaquila.

A inicios de la década de los 70 llegó la electricidad a Etchohuaquila. Aparte de esto, el pueblo ha cambiado muy poco desde que Fernando nació. La casa permanece casi igual: las ventanas en las paredes de adobe no tienen vidrios, los pisos de la sala principal y del portal, son de pizarra, los otros pisos son de tierra firme; al lado de la casa hay un montón de piedras donde juegan los niños. Una cama en la sala principal sirve también de sofá; los dos sillones de la sala se convierten de noche en una cama. Un simple foco eléctrico en cada cuarto es considerado como gran lujo, al igual que la estufa en la cocina; y no hay drenaje.

Un alambre frágil va desde la casa de la familia Valenzuela hasta un poste que parece no poder resistir un viento fuerte. Otro alambre más grueso conecta dicho poste con el transformador que sirve al pueblo. La electricidad en una casa indica que se tiene un aparato de televisión, y esto es un símbolo de "status" en el pueblo.

Hoy en día la casa está más llena de gente que cuando Fernando vivía allí; hasta 17 personas comparten la modesta casa de la creciente familia Valenzuela. Dos de los hermanos de Fernando son casados y tienen hijos. Aparte de Fernando, sólo dos de sus hermanos no viven allí. Dos de sus hermanas trabajan en la proximidad de Navojoa como sirvientas domésticas.

Fernando recuerda muy bien su adolescencia en Etchohuaquila como el más joven de doce niños. En una tipica madrugada, cuando los oscuros tintes nocturnos empezaban a colorearse con los primeros azules y violetas, el pequeño pueblo comienza a dar señas de vida. En algunas noches calurosas, Fernando prefería dormir fuera de la casa, en el piso duro, a tener que compartir un colchón con seis hermanos.

Fernando acostumbraba despertar todas las mañanas al oir cantar a los gallos y al oler el aroma del café casero; y siempre oía el ruido de las camionetas que, levantando grandes nubes de polvo al pasar por los caminos de tierra del pueblo, iban a recoger a los trabajadores.

Entre ellos estaban los hermanos mayores de Fernando, que iban a trabajar a las fincas más grandes de las proximidades. Fernando todavía era muy joven para tal trabajo pero ya temía el día cuando tuviera que hacerlo. Después de ir a la escuela, su deber era el ayudar a su padre y demás hermanos a cultivar el pequeño solar de menos de medio acre situado detrás de su casa. La primera vez que Fernando trabajó en el campo sólo tenía ocho años de edad pero, como es natural, se inclinaba más al juego que al trabajo. Pero por ser el menor de la familia no esperaban que contribuyera tanto.

La distancia de su casa a la escuela era corta así como lo eran todas las distancias en Etchohuaquila. En camino hacia la escuela, Fernando pasaba por una plaza donde por unos cuantos centavos podía comprar un refresco en un pequeño edificio. Pasaba por huertos de hortalizas, por unas dos docenas de casas semejantes a la suya, y por un parque de béisbol cuyas líneas que entrelazaban las bases y eran casi imperceptibles. No había ni bases, ni gradas, ni redes para detener la pelota pero paralelo a la línea de tercera base, sí había un tronco que hacía los de banco para los jugadores y un montículo de lanzador bien marcado. Si el día era bonito, Fernando siempre tenía que cuidarse de no caer en la tentación y desviarse de la escuela para llegar al parque de béisbol. Muchas veces sucumbía.

Aunque Fernando era un buen alumno, inteligente y listo, poco podía aprenderse en una escuela tan pequeña con tantos alumnos y tan pocos recursos. "Mis maestros sabían que yo jugaba béisbol," recuerda él. "Iban a casa de mis padres para contarles que yo no había asistido a la escuela ese día." Aunque a su padre debía disgustar que Fernando no fuera a la escuela, seguramente tenía otros problemas mucho mayores como jefe de una familia pobre para preocuparse por ello.

La mayor parte del tiempo en que Fernando no estaba jugando béisbol, era posible encontrarlo en un pequeño huerto de árboles frutales. Solía sentarse allí pensando y fantaseando. Era un chico tranquilo y serio lo cual no es nada raro para un joven de Etchohuaquila. No es un lugar frívolo, y los indios maya de quienes desciende, tampoco se caracterizan por su frivolidad.

Cuando tenía diez años, Fernando recogía las pelotas extraviadas y las reclamaba como suyas. Por eso lo apodaban "Zurdo Róbales". Ya para cuando tenía trece años, nadie de su edad se manejaba en el campo de juego tan bien como él. Podía dar hits, podía lanzar, podía hacer cualquier cosa. Recuerda su hermano mayor, Rafael, "La mayoría de mis hermanos eran buenos jugadores, quizás un poco perezosos, pero Fernando era diferente. Para él todo era muy natural. Desde entonces empecé a pensar que algún día él podría jugar en los Estados Unidos."

A través de la radio Fernando estaba enterado de Héctor Espino y de La Liga de la Costa del Pacífico. En el equipo de béisbol de su pueblo, Fernando era el más joven de siete Valenzuelas. Los partidos de béisbol son acontecimientos importantes en los pueblos pequeños de México y el orgullo de esas comunidades se basa en los resultados. El orgullo de Etchohuaquila dependía de los Valenzuelas.

La formación se componía por completo por Valenzuelas: de salirse dos jugadores del juego todos los bateadores que quedarían serían Valenzuelas. Rafael lanzaba, Francisco jugaba en segunda, Daniel entre segunda y tercera, Gerardo en tercera, Manuel como jardinero y Avelino como lanzador de relevo. A Fernando, por considerarlo muy joven para lanzar, lo ponían siempre en primera base. Pero él sabía que podía lanzar y a pesar de su naturaleza tímida Fernando insistió en que lo dejaran. Así como no se olvida el primer beso así recuerda Fernando la primera vez que lanzó del montículo. "¿Como podría olvidarlo?" se pregunta. "Tenía entonces trece años. Lancé las dos primeras entradas y puse a dos jugadores fuera de juego con outs. Me sacaron diciendo que era demasiato joven."

Como Fernando era el más joven, siempre se tenía que conformar con lo que le dejaban. Tenía el guante más viejo y los zapatos más rotos, pero llegada la hora de jugar, eso no importaba. Los Valenzuelas son una familia religiosa como lo es la mayoría de la gente del pueblo, para el que es una obligación asistir a la iglesia. Para Fernando y sus hermanos el béisbol era una segunda religión. Su padre casi no sabía nada de béisbol pero se convirtió en su más fervoroso fanático.

Cuando Fernando cumplió sus quince años, firmó su primer contrato profesional de béisbol con la Liga Mexicana. Desde entonces vive con su familia sólo durante los cortos períodos que tiene entre una y otra temporada. Sin embargo a pesar de que ha viajado miles de millas y de que ha vivido en los hoteles más lujosos, Fernando todavía considera como su casa aquella casita de adobe en Etchohuaquila.

# Capítulo 4

No se llega a ser una sensación a los veinte años a menos de que se empiece muy joven. Fernando tuvo su primera oportunidad a los quince años. Empezó sin novedad. En mayo de 1976, Fernando ya estaba lanzando en un torneo regional de béisbol en Navojoa para el equipo ejidal, que había pasado a finales. Cansado, y superado, Fernando sufrió una derrota de 11-1 en el juego del campeonato por el equipo doméstico.

Fernando había regresado a su casa cuando el destino intervino en la persona de Avelino Lucero, dirigente del equipo de Navojoa. La vida nunca sería igual para Fernando. Lucero era uno de los tres miembros del comité para elegir un equipo de estrellas que jugara en el torneo estatal de Sonora en Hermosillo.

"Cada uno eligió un lanzador y yo escogí al último," dice Lucero. "Cuando dije que quería a Fernando, me miraron como si estuviera loco." "¿Qué, no lo viste perder 11-1?", me preguntaron. Claro que lo había visto, pero también lo había visto lanzar el juego anterior cuando ponchó a 16. Me discutieron pero los convencí.

Fernando se unió a las estrellas y Lucero se convirtió en su primer dirigente, iniciándose una amistad que aún perdura. Lucero es el dirigente general del equipo de béisbol de Navojoa y después de la actuación de Fernando con las estrellas, le ofreció su primer contrato profesional. Incluso después de Fernando entrar a las Ligas Mayores, siguió jugando para el equipo de Lucero, los Mayos de Navojoa, en la temporada de descanso.

Fernando no supo que había sido seleccionado para el equipo de estrellas hasta que su hermana, Dolores, que vive en Navojoa, leyó la noticia en el periódico local. El día del juego le dijeron a Fernando que esperara al lado de la autopista número quince, a una milla de su casa, que ahí lo recogerían sus compañeros a las ocho de la mañana para ir a Hermosillo. Llegó cuatro horas antes. Nunca había viajado sólo. Naturalmente, estaba más que nervioso.

No lanzó en el primer juego. Pero en el segundo, sin outs, con las bases llenas y el juego empatado, Lucero se volvió a Fernando y le dijo "Entrale." Fernando, que no esperaba lanzar, buscó un guante. No tenía uno propio y no había ningún guante de mano izquierda a la vista. Cogió un guante normal y corrió hacia el montículo. Mientras Fernando hacía sus ejercicios de calentamiento usando un guante equivocado, la multitud le lanzaba gritos burlones. Fernando estaba tan asustado que ni se inmutó. Y cuando ponchó a todos los contrincantes sin permitirles una carrera, el público, de pie, lo ovacionó. Así es la leyenda según Avelino Lucero.

En la serie de cinco juegos, Fernando fue relevo en cuatro y ganó tres de ellos. Su equipo ganó el campeonato estatal y él fue nominado como el jugador más valioso de la serie, siendo elegido para otro equipo de estrellas programado para jugar en la Argentina.

Cuando regresó a su casa, Fernando recibió una oferta de 5,000 pesos ($250) para jugar béisbol profesional durante tres meses. Fernando había soñado lanzar para Navojoa en la Liga de la Costa del Pacífico. Pero no estaba preparado para tal nivel. Lucero lo acomodó en un club rural en Tepic, pueblo situado a setenta millas al norte de Puerto Vallarta. Fernando aceptó felizmente. No tenía que preocuparse más de escaparse de la escuela o de trabajar en el campo. Ahora era un jugador profesional de béisbol.

Sus padres lo acompañaron a la central de autobuses; su madre lloraba y Fernando tuvo que hacer un esfuerzo para contenerse. Sentía miedo, pero al mismo tiempo estaba ansioso de ver lo que le esperaba. Y así dijo adiós a sus padres y a Etchohuaquila. La vida en la Liga Mexicana no es nada fácil según el criterio americano. Es un mundo de viajes maratónicos y alojamiento en hoteluchos. Los jugadores regulares tienen los mejores asientos del autobús. Los nuevos y los sustitutos tienen que compartir los asientos o dormir en el piso durante los usuales viajes nocturnos. Los veteranos suelen ser poco amistosos con los jóvenes y Fernando, tímido de por sí, aprendió a estar solo.

La Liga Mexicana se fundó a principios de los años 1920 y ha dado origen cuando menos a seis y cuando más a veinticuatro equipos. En 1948, la Liga Mexicana trató de contratar algunos beisbolistas americanos de Liga Mayor llevándose a estrellas como Sal Maglie y Max Lanier. Penalizaron a los que se fueron por un período de cinco años, derrogándose luego tal ley. Las incursiones terminaron hace tiempo y ahora ambos países cooperan entre sí. Juegan bajo las mismas reglas y hasta usan uniformes similares.

Pero hay unas diferencias, aparte de la calidad del juego. No puede haber descripción completa de la línea mexicana sin mencionar a Tampico. Un conjunto de rieles de ferrocarril cruzan el jardín exterior. Nadie recuerda qué llegó primero, si el parque o los rieles, pero han coexistido desde mediados de los años 1940.

Durante casi todos los juegos celebrados en Tampico, puerto del Golfo de México, un tren se acerca a la entrada del parque a lo largo de la línea derecha, y hace sonar su silbato. El árbitro suspende el juego, alguien abre las puertas, y el tren pasa lentamente a través del parque y cruza otra puerta que está a lo largo de la línea izquierda. Los rieles están separados y parece que no representan obstáculo alguno para el desarrollo del juego. Son sólo un peligro más en la azarosa vida del beisbolista que juega en la Liga Mexicana.

La liga atrae a los americanos de menos talento y a jóvenes aspirantes de todo México. Con una liga de verano y una de invierno, la Liga Mexicana puede ofrecer a sus mejores jugadores el equivalente a $50,000 al año.

Como dijo un jugador americano: "Es una Liga Mayor, aunque no lo parezca."

La liga de invierno tenía muchos más jugadores americanos ya que, en general, era de mejor calidad. Y Fernando no jugó mucho en Tepic. "Aprendí allí," dice Fernando. "Algunos me ayudaron, pero no fue fácil." Después de un invierno en Tepic, Fernando firmó contrato con el Puebla, de la Liga Central Mexicana, para jugar durante el verano. Pero Puebla, el equipo que finalmente vendió el contrato de Fernando a los Dodgers, lo prestó al Guanajuato. Fue allí donde lo vió por primera vez Mike Brito, el buscatalentos de los Dodgers. Fernando jugaba básicamente como lanzador de relevo y había hecho 6-9. Pero, a los dieciseis años, fue el ponchador principal de la liga, con 91 ponchadas en 96 entradas.

Fernando continuaba cambiando de uniforme, jugando los inviernos y los veranos. Del Guanajuato se fue a jugar al San Luis Río Colorado, equipo en la frontera de Arizona y México; su récord mejoró a 9-2. Dicho invierno, él quería jugar para Navojoa, pero como tenía diecisiete años y lo consideraban muy joven tuvo que irse al Ocotlán, logrando 3-1 como lanzador de relevo. Pero no estaba contento. Sentía que ya estaba listo para ser lanzador principal.

El siguiente verano, en 1979, firmó otra vez con el Puebla por 7,000 pesos ($320). Y otra vez lo prestaron, esta vez a los Leones de Yucatán en el sureste de México. Esta era la Gran Liga Mexicana. Hizo 10-12 jugando para el equipo bateador más débil de la liga. Ponchó a 152, 15 en un sólo juego, y fue nominado como novato del año.

Ese fue el año en que los Dodgers compraron su contrato, lo cual no terminó con su carrera beisbolista en México. Luego de firmar con los Dodgers, se le permitió finalmente que lanzara para el Navojoa. En 1980 tuvo tanto éxito allí como lo tendría en Los Angeles el siguiente verano. Logró 12-5 con un promedio de carreras ganadas de 1.65.

Pero si bien estaba en las ligas mayores en los dos

países, Fernando era aún un novato en varios aspectos. Severiano Talamante, un compañero de Fernando en Navojoa y propietario de tres restaurantes en el pueblo, tomó a Fernando bajo su tutela. "Lo seguimos llamando 'muchacho'," dice Talamante. "Necesita mucha gente que lo anime y le dé seguridad. Me preocupa porque aún es joven y tímido. Se sintió muy solo el primer año con los Dodgers. Siempre se quedaba en un rincón; pero al año siguiente le dieron muestras de afecto, felicitándolo con palabras cordiales. Eso es lo que necesita."

Cuando jugaba para Navojoa, Fernando era tan callado que decían que hablaba con señas: Inclinaba la cabeza para decir "sí", la movía para decir "no", y un giro de su mano indicaba "más o menos".

Lucero, cuyo equipo Navojoa llena el estadio de 6,000 butacas cada vez que Fernando lanza, espera que los Dodgers lo dejen seguir jugando durante el invierno en México. El no ha dicho nada, mas se supone que volverá a Navojoa al iniciarse la temporada.

Fue durante sus primeros años en la Liga Mexicana cuando Fernando, delgadito de niño, empezó a engordar. Le gustaba la cerveza y le encantaba la comida. El entrenador de los Dodgers hablaba de ponerlo a dieta, pero como Tommy Lasorda, quien no se le queda atrás, dice: "Babe Ruth lo hizo muy bien pese a su enorme panza. ¿Para qué preocuparse?"

# Capítulo 5

Miguel Brito, el buscatalentos de los Dodgers, es un hombre corpulento y de estatura baja, propenso a sombreros elegantes y gruesos cigarros. Nacido en la Habana, Cuba, Brito se convirtió en el eslabón entre los Dodgers y México. Allí descubrió a Bobby Castillo, y facilitó que Vic Davalillo y Von Joshua, quienes habían sido devueltos a la Liga Mexicana, entraran de nuevo a las ligas mayores. Brito tenía veintiún años cuando fue contratado como receptor por los Senadores de Washington en 1955 y aun vivía en Cuba. Dos años más tarde se hirió un brazo y viajó con las ligas menores hasta que terminó jugando en México. A mediados de los 1970 fue contratado por los Dodgers como buscatalentos.

El 19 de marzo de 1978, otro buscatalentos le pasó la voz a Brito sobre un jardinero corto con el nombre de Lázaro Uscanga, quien jugaba en el pequeño pueblo de Silao, en el estado central de Guanajuato. Pronto salió para Silao para darse cuenta que no se encontraban habitaciones de hotel. Pero Brito, que es un hombre muy listo, encontró un sitio donde dormir: en la misma estación de autobuses de ese pequeño pueblo, arrimó dos sillas que se convirtieron provisionalmente en una cama. El día siguiente se fue para el parque de pelota.

No es nada fácil observar bien a un jugador en un parque como el del pequeño pueblo mexicano de Silao, ya que en vez de césped, tanto dentro como fuera del jardín, hay solamente tierra dura. Esto hace que las pelotas, al rebotar, tiendan a estrellarse contra los pechos de los jugadores. Brito estuvo observando a Lázaro Uscanga durante cuatro entradas y no podía entender cuál era su talento. Le parecía que había sido inútil el viaje y había desperdiciado casi toda una noche de descanso.

Fue entonces cuanto se fijó en el lanzador del otro equipo, el de Guanajuato. Era zurdo, lanzaba una buena recta y estaba ponchando a muchos de los bateadores. Brito entonces se sentó detrás del plato para poder ver mejor. "¿Quién es este lanzador?", preguntó. Era Fernando que esa día estaba triunfando. Mostraba una buena curva, atinaba a todas las esquinas y en una entrada, cuando estaban llenas las bases contra él sin ningún out, Fernando ponchó a los siguientes tres bateadores con tres outs. Brito salió corriendo hacia los vestidores del Guanajuato para hablar con el joven.

"Me llamo Miguel Brito," dijo. Fernando saludó con la cabeza. "Soy buscatalentos para los Dodgers." Fernando inclinó la cabeza otra vez. "Me gusta cómo Ud. lanza."

Fernando sólo dijo, "Gracias."

"¿Cuántos años tiene Ud?"

"Diecisiete."

"¿De donde es?"

"De Sonora." Y así continuó. Fernando respondía sólo con una palabra, o una sonrisa, o con la inclinación de la cabeza. Pero Brito no se desanimó porque no andaba buscando a un actor. Recuerda que se decía a sí mismo "*El podría ser lo que andamos buscando. El podría ser el 'Sandy Koufax' mexicano.*"

Más tarde Brito se dio cuenta de que Fernando sabía quien él era. Antes del partido se había anunciado la presencia de Brito como se anuncia a las personas famosas que de vez en cuando asisten a un juego. "Estaba nervioso al saber que yo estaba ahí?" preguntó Brito. "No. Sólo quería jugar lo mejor posible."

Puesto que Fernando había quedado bien y su contrato pertenecía al equipo de Puebla, Brito llamó a su dueño, Jaime Avella, propietario también de dieciocho negocios de Volkswagen en la capital de México, para enterarse de lo que costaba Fernando. "Llámeme en unos cuantos años," dijo Avella. "El es muy joven y los Dodgers no estarán dispuertos a pagarle suficiente."

Brito envió un informe entusiasta, pero no fue el primer informe sobre Fernando que les llegaba a los Dodgers. Corito Varona, otra buscatalentos de los Dodgers, había enviado ya un reporte el año anterior cuando Fernando tenía apenas dieciseis años. Definitivamente, los Dodgers estaban interesados. Por lo tanto, Brito siguió a Fernando por todos los lugares, no sólo durante el próximo verano e invierno, sino también durante el verano siguiente, cuando Fernando lanzaba para el equipo de Yucatán. Cada vez, aumentaba más el ánimo y los informes de Brito eran más y más apasionados. Los Dodgers enviaron a Charlie Metro, su buscatalentos principal, para que él observara a Fernando, y finalmente Al Campanis fue para verificarlo por sí mismo.

Entre todos los hombres del béisbol, pocos pueden juzgar talento mejor que Campanis. Es un conocedor del béisbol. Aprendió del gran Mahatma, Branch Rickey, a quien hasta la fecha llama 'Sr. Rickey,' y al que siempre cita cuando se presenta la ocasión. Los Dodgers han sido clasificados entre las dos o tres mejores organizaciones de béisbol, y al menos una parte de dicho reconocimiento se lo deben a Campanis. Muchos dirigentes ni siguiera pensarían en hacer un viaje a México. Al, en cambio, no encuentra objeción alguna en viajar aunque sea hasta Yucatán, en el extremo sur de México.

Al voló a Mérida, la capital de Yucatán, para reunirse con Brito y ver el lanzamiento de Fernando en una noche del mes de junio de 1979. Primero Campanis se impresionó por el porte sereno de Fernando y después por sus rectas y sus curvas. Pero lo que lo convenció fue la forma en que Fernando se salió de un atolladero en uno de los últimos episodios cuando ponchó a Earl Williams, quien una vez había logrado treinta y tres jonrones en la Liga Nacional.

Campanis estaba preparado para hablar con el dueño del Puebla, quien había concedido a Fernando, en calidad de préstamo, a los del Yucatán. Pero inesperadamente, el dueño, Jaime Avella, tuvo que salir para Los

Angeles. No obstante, Vicente, su hijo, aceptó escuchar la oferta de Campanis. Charlaron en español, pues Campanis lo habla con fluidez, y al cabo de poco tiempo decidieron fijar el precio de $110,000. Sin embargo, el contrato requería la firma de Jaime Avella, y al regresar Campanis a Los Angeles recibió una llamada de él. "El precio está muy bajo," le dijo a Campanis. "Los Yankees me han hecho una oferta y el precio ha subido."

Nadie mencionó la proposición que realmente hicieron los Yankees, pero se creía que era de menos de $100,000. Campanis no regateó y ofreció otros $10,000 finalizando así el asunto en $120,000. El 6 de julio de 1979 Fernando se convirtió en propiedad de los Dodgers.

Estaba también el asunto de la familia Valenzuela. Todo buscatalentos sabe que es importante llevarse bien tanto con los padres de un nuevo prospecto, como con el mismo. En Etchohuaquila era común ver pasar a Brito, manejando su auto por los caminos polvorientos, para visitar a la familia Valenzuela. En poco tiempo, toda la familia Valenzuela llegó a considerarlo un buen amigo y a confiar plenamente en él.

"Cuide bien a mi hijo," le decía la madre de Fernando, doña Hemeregilda, a Brito. "Es mi hijo más joven y estoy preocupada por él. No habla inglés y nunca ha salido de México. ¿Me lo cuidará Ud.?"

"No se preocupe," le decía Brito. "Me encargaré de él y todo saldrá bien. Se lo prometo."

Brito cumplió su palabra y acompañó a Fernando a Lodi, California, la primera de dos paradas en las ligas menores antes de llegar a Los Angeles. Más tarde lo visitó en San Antonio y en Phoenix donde Fernando jugaba en la Liga de Enseñanza del estado de Arizona. En invierno, cuando Fernando jugó en Navojoa, Brito fue su dirigente y cuando Fernando fue a jugar con los Dodgers, se instaló en una casita detrás de la de Brito; comía en casa de la familia Brito y se sentía como un miembro más de la familia. De modó que Brito cumplió la promesa que le hizo a la madre de Fernando.

El último cabo a atar concernía al propío Fernando. Tenía una novia, su primera, en Yucatán, y tenía que dejarla. No era fácil pero nada podía impedirle jugar en los Estados Unidos, con la excepción quizá, de un pasaporte. Fernando no tenía ni pasaporte ni acta de nacimiento. Pero después de muchas dificultades recibió su acta y luego el pasaporte. Al fin Fernando, de dieciocho años de edad, empezaba a hacer realidad el pronóstico que cinco años atrás hiciera su hermano Rafael.

Brito habla frecuentemente de aquella noche en que durmió sobre dos sillas en la estación de autobuses. Ahora dice, "Iría a dormir hasta a una selva llena de serpientes alrededor de mí, si de eso dependiera encontrar a otro Fernando." Pero, añade, "Un jugador como Fernando aparece solamente una vez cada quince años. A todo el mundo le gusta ser popular y gracias a Dios y a él, lo soy. Mentiría si dijera que no me agrada el llamar la atención." Como el que quiere acercarse a Fernando tiene que hacerlo a través de Mike Brito, éste récibe más atención de la que normalmente le corresponde.

# Capítulo 6

Carl Hubbell, el lanzador del Pabellón de la Fama del viejo equipo de los Gigantes de Nueva York, es famoso por haber aportado al repertorio de lanzamientos en las ligas mayores de béisbol, la curva invertida. El lo llamó "pelota tornillo" o "lanzamiento tirabuzón" (screwball) porque el movimiento seguido por la bola le recordaba esas figuras. Hubbell jugaba para un equipo de clase A en un parque de Oklahoma City cuando empezó a lanzar de esta manera por casualidad, notando la dificultad que los bateadores tenían para pegarle a la bola. Pero le tomó algún tiempo el poder convencer a alguien de que él y su novedoso lanzamiento podrían competir en las ligas mayores. Tuvo que esperar ocho años para que le ofrecieran la oportunidad.

Ya para 1934, el año en que se efectuó el segundo partido de estrellas, el lanzamiento tirabuzón estaba ya establecido y a Hubbell se le reconocía como el mejor lanzador de la Liga Nacional.

Una tarde de verano Hubbell hizo historia en el Polo Grounds, donde se encontraba el parque de béisbol de su equipo, al lograr que ninguno de los gigantes de todas las épocas (Babe Ruth, Lou Gehrig, Jimmy Fox, Al Simmons and Joe Cronin,) pudiera contestar a sus lanzamientos tirabuzón. Hubbell dejó impreso para siempre su nombre en la historia del béisbol.

"Nunca he alegado que inventé ese lanzamiento," afirmó Hubbell, "porque lo único que es, es una curva en reverso. En algún lugar, en algún momento, alguien ha de haber pensado que si era posible lanzar una curva, podría seguramente lanzar una bola en reverso también. Pero no sé de nadie que lo haya hecho antes que yo."

Hubbell tenía setenta y seis años y era un "busca-talentos" a tiempo medio para los Gigantes de San Francisco cuando en 1979 Fernando fue enviado a Scottsdale, Arizona, por una temporada de sesenta días a la liga de entrenamiento de Arizona. Al Campanis le había pedido a Bobby Castillo que fuera a Arizona y le enseñara a Fernando el lanzamiento tirabuzón. Cuando Hubbell, que vivía cerca, en Mesa, se enteró que un chico estaba utilizando "su" lanzamiento, decidió ir a observar a Fernando.

Hubbell y uno de sus amigos fueron al partido de béisbol el día en que Fernando lanzaba. Impresionado por lo que había visto, Hubbell se acercó a su amigo y le dijo "Es el mejor lanzamiento tirabuzón después del mío. Es un lanzador de nacimiento."

Por supuesto, no hay nada de "natural" en un lanzamiento tirabuzón. Como Hubbell suele decir, por naturaleza el hombre no lanza una piedra a un oso de esa manera.

Cuando sumerge su brazo adolorido en una cubeta de hielo después de lanzar, sin duda Fernando piensa exactamente lo mismo, aunque nunca haya oído las palabras de Hubbell. Cuando un zurdo como Fernando se enfrenta a un bateador derecho y ejecuta el lanza-miento, ésta es una curva que se desvía en vez de dirigirse hacia el bateador. Generalmente también se desvía hacia abajo. Pero aparte de la extraña rotación de la pelota, lo que la hace tan difícil de batear es su velocidad, o mejor dicho, su falta de velocidad. La recta que lanza Fernando tiene casi el mismo movimiento del lanzamiento tirabuzón y una velocidad de aproximadamente noventa millas por hora; es decir, dura medio segundo desde el momento en que la lanza del montículo hasta el momento en que llega al plato, luego de recorrer una distancia de sesenta pies y seis pulgadas. Se ha calculado que el lanzamiento tira-buzón acelera la bola a una velocidad de setenta y nueve millas por hora que, al desviarse, es de setenta millas por hora, lo cual hace casi imposible el batearla.

¿Por qué no hay más jugadores que ejecuten este lanzamiento? La respuesta es compleja: primero, porque es difícil controlarlo; y segundo, porque reguiere un tremendo esfuerzo para todo brazo normal. Muestra palpable de ello es la deformación que presenta el brazo de Hubbell, y que no puede atribuirse sólo a su edad avanzada. En este tipo de lanzamiento la pelota sale del dorso de la mano debido al rápido giro de la muñeca. Implica mucho mayor esfuerzo, para el lanzador, salirse de lo normal y soltar la pelota por detrás de la mano. Por tener un brazo muy "suelto", Fernando puede doblar su muñeca en forma tal que, cuando la pelota está por encima de la mano antes de lanzarla, le imparte la rotación necesaria para que se desvíe.

Receloso en cuanto a sus inversiones, Campanis fue a evaluar el talento de Fernando (entonces lanzador de Lodi en un partido celebrado en Reno,) clasificándolo como simplemente "regular", alguien que necesitaba mejorar si esperaba llegar a las ligas mayores. Su mejor lanzamiento era una buena curva y una recta meramente adecuada, más bien "corta" en el criterio regular de las ligas mayores. Fernando necesitaba hacer un cambio radical y Campanis se preguntó si el lanzamiento tirabuzón sería el "truco" que se necesitaba.

Algunos Dodgers habían tenido éxito con el lanzamiento tirabuzón antes de Fernando, especialmente los lanzadores de relevo Jim Brewer y Mike Marshall. Si los Dodgers no se distinguían por su lanzamiento, al menos lo tenían ya registrado en su agenda.

Al terminar su temporada con Lodi, Campanis ordenó que Fernando fuera a la liga de entrenamiento en compañía de los otros novatos de los Dodgers. Tan pronto como se abrió el parque, Campanis llamó a Ron Perranoski, el instructor de lanzadores de la liga menor de los Dodgers. "Vamos a enseñarle a Valenzuela el lanzamiento tirabuzón," dijo Campanis. "Enviaré a Castillo allí tan pronto como la temporada se termine."

Babo (apodo de Castillo entre sus compañeros) es un Chicano nacido en Los Angeles que empezó como jugador de tercera base en la organización Kansas City. Había ido a México en 1977 buscando una nueva oportunidad en el béisbol después de que los Royals lo despidieron. Descubre, entonces, el lanzamiento tirabuzón que le enseñó Enrique Romo, quien sería después lanzador de los Piratas. Luego de un comienzo muy lento debido a un accidente automovilístico durante el entrenamiento de primavera, Castillo se reunió con los Dodgers en agosto de 1979 y terminó la temporada de manera impresionante. Logró 2–0 con siete salvadas y un promedio de carreras ganadas de 1.13. Su lanzamiento más efectivo fue el tirabuzón.

Cuando Castillo llegó a Scottsdale, Fernando y él se hicieron compañeros inmediatamente, dentro y fuera del parque. Naturalmente, Fernando se sintió atraído hacia alguien que lo ayudaría, que hablaba su mismo idioma y que había compartido algunas de las mismas experiencias. Después de que se hicieron amigos, Castillo, jugador derecho, bromeaba frecuentemente, diciendo que era mejor que Fernando fuera zurdo porque si no, no le hubiera enseñado su lanzada favorita. Pero se la enseñó y bien.

No sólo es difícil enseñar el lanzamiento tirabuzón, sino que es también peligroso aprenderlo. Carl Hubbell dio su última lección en 1938. "Teníamos entonces un nuevo chico en el equipo de los Gigantes, un gran zurdo llamado Cliff Melton," Hubbell señala. "El año anterior había ganado veinte juegos para nosotros, logro sensacional para un novato, pero él quería ser aún mejor. Me pidió que le enseñara el lanzamiento tirabuzón, y lo hice. Para el cuatro de julio había ganado diez u once juegos. Pero ese día, contra el equipo de Boston, interrumpió su lanzamiento, se agarró el brazo y salió del montículo tambaleándose por el gran dolor. Terminó con 14–14 y nunca más tuvo un promedio de 20 triunfos en un año. Continuó sólo cinco o seis años más. Fue una gran lástima. Desde entonces he titubeado en enseñarlo."

Cuando empezó la temporada de 1980 en San

Antonio, Fernando usó el lanzamiento fundamental-
mente como táctica. Perranoski, que lo iba a inspeccionar
periódicamente, se sentía satisfecho que fuera así. Pero a
mediados de junio Perranoski notó que Fernando estaba
utilizando el lanzamiento tirabuzón con diferentes veloci-
dades y mayor frecuencia. Viendo el potencial que tenía la
lanzada, Perranoski trabajó con Fernando enseñándole a
despistar a un bateador con su recta, moviéndola hacia
adentro y hacia afuera para hacer más efectivo el
lanzamiento tirabuzón. Cuando Perranoski lo dejó,
Fernando había alcanzado 6–9. En los próximos juegos
logró 7–0 con un promedio de carreras ganadas de 0.87.
En 62 entradas permitió 31 hits y 12 bases por bola,
ponchando a 73.

Con sólo un año de experiencia en la liga menor, los
Dodgers llamaron a Fernando para que les ayudara a
ganar un título de división. No había permitido una
carrera en sus últimas 35 entradas en San Antonio; no
permitió una carrera en las 17-2/3 entradas con los
Dodgers en 1980. Y Campanis pudo decir solamente
"Ahora me reprochan por no haberlo traído antes."

# Capítulo 7

En la primavera de 1980, cuando Fernando fue enviado al campo de entrenamiento de los Dodgers en Vero Beach, era tan anónimo como cualquier jugador de liga menor puede serlo. La única cosa que lo hacía destacar era su panza. Al menos, eso fue lo primero que notó Alex Tavera, otro jugador desconocido de liga menor. "Mira qué muchacho tan gordo," señaló. "Lo van a hacer trabajar hasta que se caiga muerto."

En el centro de entrenamiento de los Dodgers en Vero Beach hacen trabajar muy duro a los jugadores. Pero no sólo eso sino que juegan también muy duro los que están en la liga menor. La mayoría de los veteranos viven en la playa con sus familias, en un ambiente tranquilo, entre el sol y el vaivén de las olas; es fácil para ellos tolerar el entrenamiento de primavera.

Para muchos en la liga menor, que no saben cuanto tiempo estarán allí, cualquier noche es buena excusa para ir a divertirse al pueblo. Es popular en Vero la historia de un novato al que seguían dos inspectores para castigarlo por llegar tarde; el jóven saltó desde lo alto de un techo para evitar ser capturado. Al día siguiente todos los inspectores se dieron a la tarea de localizar al jugador que cojeara.

Sin embargo para Fernando fue muy triste, pues se sentía solo. No hablaba inglés y durante su breve estancia en Lodi, el verano anterior, no había hecho ninguna amistad. Iba a comer con los demás y a tomar algunas cervezas, pero se había dedicado principalmente a practicar su lanzamiento. Causó también buena impresión. Hizo historia la ocasión en que el lanzamiento tirabuzón de Fernando le dio en la planta del pie izquierdo de Reggie Smith. "Yo pensé que con un lanzamiento tirabuzón como ése, pronto se terminaría su temporada con los Dodgers," recuerda Smith.

Los compañeros de Fernando llegaron a conocerlo como *Señor Silencio;* decía muy poco en español y absolutamente nada en inglés.

Esa primavera, los planes del club para Fernando, que tenía solamente 19 años, eran que pasara otro año jugando al nivel de la Clase A, pero su rendimiento en el campo de entrenamiento convenció a los dirigentes de mandarlo a San Antonio, al equipo Doble-A de los Dodgers. La decisión para Fernando resultó beneficiosa. San Antonio tiene una gran población mexicana, y con el tiempo, Fernando cultivó amistades personales en los Estados Unidos.

En San Antonio, Fernando alquiló un apartamento de una recámara, no muy lejos del parque de béisbol. Otros jugadores vivían en el mismo edificio y transportaban a Fernando, que no manejaba. Los compañeros de béisbol tienen la tendencia de permanecer juntos, y Fernando siempre andaba con Leo Hernández, quien llegó a ser su compañero de cuarto cuando jugaban fuera de la ciudad. Pero después de poco tiempo de la temporada, Hernández fue enviado a la Clase A. Esto agravió a Fernando casi tanto como a Hernández.

Fernando se encontró de nuevo solo, y no lanzaba bien tampoco, perdiendo con más frecuencia que ganando. El lanzamiento tirabuzón no era confiable, y la recta que había parecido tan rápida en la Liga Mexicana, no parecía tan rápida para los bateadores de la Liga Tejana. Taveras, quien también fue enviado a San Antonio, trató de consolarlo. "Ven a mi casa a cenar conmigo," invitó a Fernando una noche después del juego. Fernando no quería. Prefería quedarse en su apartamento, viendo la televisión y tomando cerveza.

Donde Fernando se sentía más contento era en el parque de béisbol. Todo allí le encantaba: en la práctica del bateo, el lanzamiento de pelota entre compañeros, o simplemente el sentarse en el cobertizo de espera inflando globos de goma de mascar. Si esa noche no le tocaba lanzar, entonces jugaba como defensor en el diamante, mientras que sus compañeros practicaban su bateo. Cuando debía practicar correr en el jardín lejano, se llevaba una pelota y le daba punta-pies mientras caminaba como si fuera una pelota de fútbol. Fernando siempre podía encontrar una manera para divertirse en el parque de béisbol; allí lo importante era lo que *hacía*, no lo que *decía*.

Cuando Fernando salía a algún lugar con Taveras o con otro compañero, tenían que convencerlo a que dijera algo. Si alguien venía a su mesa y le preguntaba cómo iban las cosas, a veces decía, "OK." Fin de la conversación. Fernando contestaba a las preguntas pero no iba a preguntarlas. "Era tan silencioso," dijo Mike Marshal, otro de los compañeros de béisbol en San Antonio. "Él simplemente no le decía nada a nadie. Nos tomó algún tiempo para poder comprenderlo." Al principio, Taveras pensó dejarlo solo, pero en cambio, decidió persistir, y la vida de Fernando empezó a mejorar.

Después de un lento comienzo, la amistad de Fernando y Alex Taveras se consolidó. Fernando siempre era bienvenido a la casa de Taveras para una cena de pollo. Después, su novia llegó de Yucatán para una visita de dos semanas. Era su primera visita a los Estados Unidos, y ahora Fernando era el experto. Entonces empezó a ganar partidos de béisbol. Finalmente, se sentía feliz fuera y dentro del parque.

Cuando Taveras le decía a Fernando que debía de tratar de aprender el inglés, Fernando se sonreía de una manera socarrona. Cuando le decía que mucha cerveza y mucha comida le estaban aumentando las pulgadas de su cintura, Fernando le contestaba que dejara de actuar como su madre. Fernando todavía no hablaba mucho, pero comunicaba mucho mejor y estaba perdiendo su timidez.

En el banco del cobertizo de espera de San Antonio, donde siempre prefería sentarse cerca de la pared,

Fernando se deleitaba haciendo travesuras a sus compañeros. Les escondía sus guantes cuando salían a batear, o encontraba insectos y los colocaba bajo las cachuchas o guantes. Cuando el insecto salía volando, Fernando no podía resistir reirse de su travesura. El entendía mucho más inglés de lo que mostraba, pero simplemente no quería hablarlo. Sus compañeros llegaron a tenerle afecto de todas maneras; y como uno dijo "No hay nada que nos desagrade."

Ducky LeJohn administraba el equipo de San Antonio. Un administrador de las ligas menores aprende tarde o temprano que su primera obligación es el desarrollo de los candidatos para el club de la Liga Mayor. LeJohn sabía que los Dodgers consideraban a Fernando un candidato importante, por eso quería darle atención especial. Pero no podía hablar con él. Taveras jugaba en campo corto y también actuaba como intérprete.

Cada vez que LeJohn iba al montículo para hablar con Fernando, llamaba a Taveras para que le explicara lo que quería que Fernando hiciera. Fernando, extremadamente paciente, escuchaba mientras LeJohn hablaba con Taveras en inglés. Pero una noche, en un partido que iba empatado con dos bases llenas, LeJohn fue al montículo y Fernando se disgustó. Mientras que LeJohn y Taveras hablaban, Fernando de súbito dijo abruptamente, "*What?*" Taveras estaba sorprendido. Nunca había escuchado a Fernando decir una palabra en inglés. Parecía que Fernando había explotado y Taveras reventó de risa. "Fernando, ¿qué dijiste?" le preguntó. Pero Fernando nunca contestó. Esa fue la única palabra que Taveras había escuchado a Fernando hablar en inglés. En muy poco tiempo, el Señor Silencio se había convertido en "El Cacique." Había ganado los últimos siete partidos en San Antonio; los últimos cinco fueron triunfos completos. Lanzó dos con dos hits, dos con tres hits, y dos con cuatro hits y completó la temporada con 13–9. "Me siento como que le puedo ganar a cualquier persona en el mundo," le dijo a Taveras un día. Taveras se sorprendió. No le parecía que hablaba Fernando. "¿A cualquiera?", preguntó Taveras. "He lanzado desde que tenía quince años," respondió Fernando. "Yo lanzaba para el peor equipo de México. Allí yo triunfé. Yo puedo ganar dondequiera." No lo dijo jactanciosamente. Ni siquiera lo dijo confiadamente; simplemente lo dijo.

Fernando condujo al equipo de San Antonio hasta la partida decisiva y entonces los Dodgers lo llamaron. Naturalmente, la gente en San Antonio no querían verlo ir. El gentío había respondido a Fernando así como lo harían también en Los Angeles, aunque en una escala menor. El promedio de admisiones era de 2,000 pero cuando Fernando lanzaba, otros 1,000 asistían, un impresionante porcentaje en el incremento de admisiones.

Los oficiales del club de San Antonio no fueron tomados por sorpresa. Cuando los Dodgers se enteraron de lo bien que estaba jugando Fernando, enviaron a Jerry Stephenson, el buscatalentos de la costa del Pacífico, y a Charlie Metro, el buscatalentos principal, para observarlo. Metro no podía esperar para llamar a Lasorda. "Este chico es algo especial," le dijo. "No tema en usarlo en cualquier situación."

Cinco días después se reunió con los Dodgers en Houston; y Fernando hizo su debut con las Ligas Mayores en Atlanta el 15 de septiembre. Lanzó por 2-1/3 entradas haciéndolo bien, perdiendo los Dodgers 9-0. Unas noches después, contra Cincinnati, lanzó tres entradas impresionantes con otra pérdida de los Dodgers. Puso a cuatro fuera de juego incluyendo a Johnny Bench. Fue entonces cuando Lasorda empezó a poner atención.

Pusieron atención también sus compañeros de béisbol. "Si tiene 19 años," dijo Dave Lópes, "es el más listo de 19 que yo he visto." A Jerry Reuss le parecía que Fernando debía de tener por lo menos 30 años. Don Sutton le decía a Fernando, "Espero que Ud. todavía pueda lanzar tan bien a los 30." Los compañeros también se divertían con el peso que tenía Fernando, "La gente decía que Babe Ruth también tenía un problema con el peso."

Pero más impresionante que su peso o su edad era la manera de su lanzamiento; y en ese departamento necesitaban ayuda. Steve Howe, un lanzador de relevo zurdo, quien había sido nombrado novato del año, había terminado la temporada algo mal. Lasorda no quería meter a Fernando en una situación difícil, pero no tenía otra alternativa. El 21 del mes, con los Dodgers en empate para el primer lugar, Fernando lanzó en la novena entrada contra Cincinnati.

Tres días más tarde, se confrontó con el sobresaliente Jerry Reuss, habiendo un out en la sétima y dos en base. ¿Fernando para Reuss? Ahora tal vez no nos parezca que haya sido un riesgo, pero entonces sí lo era. Después que dio camino a Jim Wholford, llenando las bases, sí parecía especialmente cuestionable. Pero Fernando recibió una pelota de rebote de Rich Murray, asegurando un out en el plato y luego un "fly" a primera por Joe Strain. Fernando había logrado su entrada triunfal.

"Ojalá que nadie lo ponga en una dieta," dijo el entrenador de lanzamiento, Red Adams. Fernando quizás extrañaba a San Antonio, pero definitivamente le encantaba pertenecer a las ligas mayores, volando en el avión de los Dodgers y alojándose en hoteles de primera clase. Solo el dinero para las comidas era de $29.00. Le gustaba como vestían los Dodgers, admirando especialmente las camisas de Steve Garvey y Ron Cey. "Siga Ud. lanzando," le dijo Lasorda, "y puede tener sus camisas hechas a la medida."

Siguió lanzando. Ganó su primer juego el 30 de septiembre contra los Gigantes, lanzando en las últimas dos entradas (sin hits y cuatro ponchadas) mientras que Pedro Guerrero pegó un jonrón en la décima que ganó la partida. El 3 de octubre, los Astros de Houston visitaron el estadio de los Dodgers en los tres partidos finales de la temporada, con tres partidos más que los Dodgers en el certamen de la Liga Nacional del Oeste. Fernando lanzó en las últimas dos entradas del primer partido ganando su segunda victoria. Los siguientes dos partidos fueron ganados por los Dodgers sin Fernando forzando una partida decisiva. Lasorda jugó con la idea de que Fernando lanzara en ese partido final, pero decidió a favor de Dave Goltz en su lugar. Los Dodgers perdieron

7-1, aunque Fernando lanzó dos entradas de relevo dominando en el combate. Fue una decisión que Lasorda probablemente lamentó todo el invierno. Pero Fernando no se lamentaba de nada. No sólo había entrado a las ligas mayores a los 19 años, sino que también había lanzado por 17-2/3 entradas sin permitir que se efectuara una carrera.

Si Fernando asombró a mucha gente con su tremendo debut en 1981, para los Dodgers no fue una sorpresa exactamente, ya que en la cubierta de la guía para la prensa aparece en una fotografía al lado de Garvey, Baker y Cey.

# Capítulo 8

Nada es eterno. Todo lo bueno, hasta las victorias consecutivas, tienen que llegar a su fin. Fernando había ganado sus primeros ocho juegos de la temporada de 1981, evitando carreras en cinco de ellos, convirtiéndose, de la noche a la mañana, en la leyenda del momento. Los periódicos, las revistas y los reporteros de televisión viajaban a Etchohuaquila en busca de las raíces de Fernando Valenzuela. Mientras tanto, Fernando viajaba par el Camino de la Gloria con los Dodgers, aclamado en una ciudad tras otra.

Un locutor de televisión de Los Angeles hizo un vuelo a Etchohuaquila en su propio avión y tomó fotografías aéreas del pueblo, las que se exhibieron después por televisión al compás de música mexicana. Cuando se acercó, más tarde, a la Casa Valenzuela con su personal y cámaras, saludó al padre de Fernando, don Avelino, a través, de toda la parafernalia: "Mi nombre es Stu Nahan." Don Avelino no parecía poder creer la escena que se le presentaba.

La histeria "Fernandomanía" estaba en su apogeo el 18 de mayo cuando Fernando subió al montículo para confrontarse por primera vez con los campeones del mundo, los Filis de Philadelphia. Los Dodgers trajeron a los padres de Fernando y a su hermana, Dolores, por avión, para la ocasión. Pete Rose, el célebre beisbolista de primera base, hizo arreglos para que le tomaran una fotografía con Fernando. "Es para mi hijo, Petie," explicó Rose. Cuando le preguntaron cómo sería el encuentro con Fernando, Pete contestó, "Tengo que pegar un hit. Tengo dos veces los años que él tiene.

Rose no lo logró. Los Filis pudieron lograr sólo tres hits en las siete entradas que Fernando lanzó, pero lograron cuatro carreras. Los Dodgers perdieron 4-0, y se terminaron las victorias consecutivas de Fernando.

El artículo en el *Los Angeles Times* lo decía bien: "Las categorías de los inmortales, escasas de por sí, se redujeron un martes por la noche. Después de todo Fernando Valenzuela es humano."

Las crónicas indicarán que el récord de victorias consecutivas logradas por un novato lanzador al principio de una temporada fue de ocho. Aquí en seguida están los rasgos salientes de esos ochos partidos:

Partido 1, Día de apertura, 9 de abril, Estadio de los Dodgers, los Astros de Houston.

Fernando no estaba programado para lanzar ese día, pero a causa de la situación de algunos jugadores incapacitados no había otra alternativa. El joven Fernando había lanzado a los bateadores compañeros el día anterior durante la práctica y esperaba como suplente bajo el cobertizo cuando lo echaron al ruedo. Lanzó y los Astros se fueron sin anotar después de cinco hits en una victoria para los Dodgers de 2-0 ante 50,511 fanáticos de los Dodgers. Era la primera vez que un novato inauguraba una partida de apertura para el equipo de Los Angeles. En 15 años no se había visto un lanzador tan joven en ninguna parte.

"Tendrá 20 años," dijo Bill Virdon, el administrador de los Astros, "pero lanza como si tuviera 30."

Durante los 28 días que Fernando había lanzado en las 26-2/3 entradas, no había permitido una sola carrera. No mostraba nerviosidad por lanzar en el día de apertura. Después del partido dijo que la noche anterior "había dormido como un ángel."

Si iba a fallar, tendría que ser en la sexta entrada cuando los Astros tomaron la segunda y la tercera base con sólo un out. Pero Fernando lanzó una recta que quebró el bate de José Cruz, resultando en una línea al jardín corto. El siguiente bateador, Art Howe, deslizó un roletín por el medio del diamante. Fernando se apoderó de la bola y la lanzó a primera base sacando otro out.

Partido 2, 14 de abril, Candlestick Park, los Gigantes de San Francisco.

Después de 34-1/3 entradas de lanzamiento en las ligas mayores, Fernando permitió su primera carrera. Los Gigantes no tocaron a Fernando hasta que habían dos outs en la octava entrada y los Dodgers protegían su ventaja de 4–0 a su favor en la que llegaría ser una victoria de 7–1.

Ocurrió de esta manera: Larry Herndon logró doble base con un hit de Enos Cabell. Esos dos hits fueron la mitad del total de esa noche para los Gigantes.

Después del partido, le preguntaron si había sido tan fácil para él como parecía. Con Jaime Jarrin como intérprete, Fernando dijo, "Son buenos bateadores. No es tan fácil como ustedes creen."

Había dos factores que pudieron haber hecho la tarea de Fernando más difícil de lo que fue. Uno fue Vida Blue, que una vez también fue un novato fenómeno y lanzaba para los Gigantes. Dos, Fernando prefiere los climas calientes y húmedos; la temperatura estaba par los grados cincuenta apenas. Pero Dusty Baker hizo un triple en la cuarta y anotó una carrera a causa de una bola fly de Ron Cey. Steve Yeager anotó otra carrera en la sexta y Fernando se entusiasmó a la tarea.

Partido 3, 18 de abril, Estadio de Jack Murphy, los Padres de San Diego.

Pasaron siete entradas antes de que Fernando permitiera una carrera. Scioscia anotó una carrera en la séptima y Dusty Baker logró otra en la octava.

Fernando permitió sus cinco hits usuales, venció a diez con strikes, no permitió bases por bola, dos hits fueron de bases y dos hits regulares y divisó a Ozzie Smith, el robador más prolífico de los Padres, fuera de primera base. Hizo todo esto con tres días de descanso en vez de los cuatro a que estaba acostumbrado. Aparentemente, Tom Lasorda no podía esperar para que Fernando lanzara otra vez. La anotación final: Dodgers 2, Padres 0.

La blanqueada era la segunda de la temporada para Fernando en tres pruebas. Empezó otra retaíla de entradas sin anotaciones, elevándolas a 10-1/3. Sólo unos cuantos días antes, el dirigente de los Gigantes había dicho que no veía nada especial en Fernando. "Hemos visto jugadores como él antes," dijo Robinson. Pero no dijo dónde.

Los Dodgers estaban a la cabeza de la liga y los veteranos lo habían aceptado ya. "Creo que nos vamos a quedar con él," anunció Rick Monday en la declaración más exageradamente modesta del año. Fernando lo tomó con calma. "No sé si soy un lanzador de rachas," dijo por medio de un intérprete. "Siempre he lanzado así, de manera muy regular."

Partido 4, 22 de abril, El Astrodome, los Astros de Houston.

Esta fue la noche cuando Fernando puso a prueba la llamada "Teoría que se repite otra vez," corolario de "Lo derrotaremos la siguiente vez que lo veamos." La "siguiente vez" era para los Astros bastante semejante a la primera: evitar que anotaron los Astros. ¡Ah, sí . . .! Fernando pegó dos hits y logró el único jonrón. Los Dodgers derrotaron a Houston, 1–0.

Los Astros no se podían explicar a Fernando. "Un poco asombroso," dijo el dirigente de Houston Bill Virdon. "No sé si esa es la palabra, pero creo que es una buenísima palabra." Los Astros pegaron siete hits contra Fernando, pero éste venció con once strikes y los outs más importantes. La racha de entradas sin anotaciones llegaba a 19-1/3 y aumentaba. Cuatro partidos con tres blanqueadas. Cada vez que se metía en problemas hallaba una solución. El ex-lanzador de los Dodgers, Don Sutton, dijo "Espero que baje de su trono o que le encuentren otra liga más alta."

Fernando permitió a Pedro Guerrero que anotara un jonrón al elevar con un batazo una bola al jardín izquierdo en la quinta entrada, pero Fernando no se sintió aludido. Los Astros colocaron un jugador en la tercera base y el Astrodome se estremecía con el ánimo que le daban a su jugador. Al preguntarle Lasorda a Fernando,

"¿Te molestaban los gritos?", Fernando, perplejo, le contestó, "¿Qué gritos?"

Partido 5, 27 de abril, Estadio de los Dodgers, los Gigantes de San Francisco.

Era su noche de regreso a Los Angeles. No había lanzado en el estadio de los Dodgers desde el día de apertura. Los fanáticos de los Dodgers sólo lo habían visto en la televisión y eso no los satisfacía suficientemente. Los boletos del partido se habían agotado por completo: 49,978 admisiones pagadas llenaron cada rincón disponible.

Fernando no se encontraba en su mejor forma esa noche, aunque lo suficiente como para evitar carreras, hazaña a la que estaba ya acostumbrado, logrando una victoria de 5-0 con tres hits en cuatro, alzando su promedio de bateo a .438. La multitud de gente no podía saciarse de él, el nuevo ídolo. Cuando pegó su primer hit, Fernando, que no es una persona de dotes teatrales, recibió una ovación con toda la multitud en pie. Su entrenador, Manny Mota, tuvo que decirle que saludara quitándose la gorra.

No es de extrañarse la adulación. Cinco partidos ganados, cuatro partidos evitando carreras, una racha de blanqueadas de 28-1/3 entradas, y un récord de 5-0. Su promedio de carreras logradas en la temporada era de 0.20, y en su carrera profesional 0.14.

En las tres primeras entradas, los Gigantes pusieron a seis en las bases, pero Fernando, con su porte acostumbrado, lanzó triunfante todas las veces. La única vez que no supo qué hacer fue en la novena entrada cuando una adolescente, que vestía con un jersey con el número 34 de Fernando, corrió al montículo y lo besó en los labios. Ella tuvo mejor suerte que los Gigantes.

Partido 6, 3 de mayo, Estadio Olympic, los Expos de Montreal.

Fernando lanzó como de costumbre sus nueve entradas fuertes, pero eso no era suficiente. Permitió una carrera en la octava, lo que terminó su racha de blanqueadas, después de 36 entradas, y permitió que la anotación se empatara 1-1. Por primera vez, tendría que salir del partido antes de terminarse. Reggie Smith bateó por él al fin de la décima entrada con un hit facilitando una carrera, la primera de cinco para los Dodgers en esa entrada.

Con la ayuda de relevo de Steve Howe, Fernando ganó con 6–1. Había logrado 6–0 y todo iba tan bien en el mundo de Fernandomanía, que ahora se extendía hasta el Canadá. Los Expos hicieron cinco hits y no movieron la pelota más allá del diamante en la séptima entrada. Con dos outs en la octava, Chris Speier le pegó a un lanzamiento tirabuzón de Fernando ("Mi mejor lanzamiento," dijo Fernando más tarde) para que anotara otra carrera Warren Cromartie desde la segunda base. El hechizo se disipaba, pero gracias a Smith, el récord de Fernando quedó intacto.

No había permitido una carrera desde el 14 de abril. La carrera de los Expos era un acontecimiento importante para la Liga Nacional. Fue la primera carrera que permitió que significaba algo.

Partido 7, 8 de mayo, Estadio Shea, los Mets de Nueva York.

Nueva York, Nueva York. Fernando tomó una limosina desde Filadelfia para asistir a otra conferencia de prensa. Cuando llegó al estadio de Shea, la multitud de 39,348 era todavía más grande que la de la conferencia de prensa. Leroy Neiman, el célebre artista de deportistas, dibujó a Fernando, mientras que Fernando le tomaba fotografías. Mientras tanto, Davey Lopes le dijo en broma, "Vete al vestidor y medita. Estás haciendo una burla de esta juego."

Pero Tom Lasorda no se reía. Cerró los vestidores, que siempre están abiertos para los medios de publicidad antes de que empiece el juego; así pudo Fernando escaparse de la multitud de fotógrafos.

Fernando tenía problemas de control esa noche, dando pase por bola a cinco. Se confrontó con enredos en las primeras dos entradas con las bases llenas. Pero derrotó a los Mets, 1–0, con 11 strikes. Ahora tenía 7–0 con cinco salidas forzadas, y un promedio de carreras ganadas de 0.29. "Si continúa a este paso," dijo Lópes, "van a tener que abrir los libros de récords."

Partida 8, 14 de mayo, estadio de los Dodgers, los Expos de Montreal.

Hacía una semana que se habían vendido los boletos para el partido. Los "ratings" de la televisión eran increíbles cuando lanzaba Fernando: 47% en un viernes para el partido con Nueva York; 59% el domingo anterior con Montreal. Era muy popular. Los 53,096 que llenaban el estadio de los Dodgers se encontraban, a la entrada, con especuladores que vendían numerosos "souvenirs", desde "La leyenda de Fernando", hasta discos, camisetas y juguetes en forma de toro.

Por primera vez, poco después que empezó el partido, Fernando se encontraba con una anotación negativa. Chris Speier hizo un jonrón en la tercera entrada y los Expos llevaban la ventaja de 1–0. Los Dodgers anotaron dos veces y Fernando avanzó la anotación a 2–1 en la novena. Entonces, ¡Zas! los Expos hicieron otro hit y otro jonrón, éste con el bateo de Andre Dawson. Estaban empatados 2–2 cuando Pedro Guerrero, el primer bateador en la novena, pegó un jonrón para terminar el juego.

Los Dodgers y Fernando ganaron 3–2 y Fernando obtuvo una anotación de 8–0. Dave "Boo" Ferris, de los Medias Rojas de Boston, había ganado ocho juegos su año de novato, en 1945; nadie lo había superado. Los numerosos reportajes y la amplia publicidad que cubría este juego particular no tenían precedente. Habían hasta cámaras televisoras suecas grabando el evento. Fernando otorgó una conferencia de prensa antes del juego, su primera en tres días. Alguien le preguntó si él pensaba perder alguna vez. El intérprete, Jaime Jarrín, pensó que la pregunta se refería a la temporada en cuestión, y lo fraseó de esa forma. Fernando, con una tímida sonrisa en sus labios, contestó: "Es muy difícil pero no es imposible."

Partido 9. Mayo 18, Estadio Dodger, Filis de Philadelphia.

"Sabía que la racha tenía que acabarse," expresó

Fernando. "No estoy triste. Sabía que iba a suceder tarde o temprano." Por fin, Fernando perdió, 4–0. Los Filis hicieron cuatro carreras con tres hits y Fernando terminó en la séptima entrada. Era una combinación de factores: los Dodgers no anotaban nada y los Filis anotaban un jonrón de Mike Schmidt en la primera, tres carreras, dos bases por bola, dos hits y un sacrificio en la cuarta.

Su récord decayó a 8–1. Su marca de carreras permitidas aumentó de 0.50 a 0.91. Schmidt pensó que su jonrón podría ser considerado histórico, un cuadrangular que Fernando nunca olvidaría. "Tal vez algún día cuando él gane el premio Cy Young número 39, si puede pronunciar mi nombre, él lo contará mientras yo esté descansando en mi sillón viéndolo por televisión."

"Sus lanzamientos eran inigualables," afirmó Lasorda. "Perdió. Sabíamos que sucedería eventualmente."

# Capítulo 9

Cuando Fernando regresa a su casa en Etchohuaquila, recibe una verdadera recepción real. Tiene la
oportunidad de dormir solo en la misma cama que
anteriormente tenía que compartir con sus hermanos. En
aquel entonces, hubiera parecido como un lujo más allá
de lo alcanzable. Por supuesto, la vida de Fernando ahora
es muy diferente; es un personaje célebre internacional-
mente. Está destinado a ser agraciado con una fortuna
proporcional a su fama. En su pobre pueblo, la gente
apenas pueden darse cuenta de la vida que este hijo de sus
tierras llevará.

Los periódicos de Navojoa informan que mientras
Fernando "nació en este humilde pueblo, ahora vive en
hoteles lujosos, viaja por aviones de reacción y vive
elegantemente."

Hasta cierto punto todo eso es verdad. Los Dodgers
tienen su propio avión, se alojan en hoteles de lujo, y
nadie recibe mejor atención que Fernando. Sin embargo,
su vida es sencilla, aunque él preferiría que lo fuese aún
más. Cuando comenzó con los Dodgers, vivía en el centro
de Los Angeles en un hotelucho donde vivían muchos
mexicanos. Se hubiera quedado allí muy contento pero su
fama aumentó demasiado rápidamente para permitir eso.
En muy corto tiempo no podía salir de su hotel sin que
atrajera una multitud de gente. Por éso permanecía solo
en su cuarto, viendo la televisión y sintiéndose muy solo.
Sus compañeros llamaban a su alojamiento "El rincón de

111

Fernando," y casi ninguno de ellos se reunía socialmente con Fernando después de salir del parque de béisbol.

Los Dodgers se preocupaban por lo que le pudiera suceder a un joven sin experiencia en una ciudad grande. Con la aprobación de todos ellos, Mike Brito le ofreció a Fernando que se alojara en su casa. Fernando se alegró por la sugerencia; tendría una familia otra vez. Brito hizo los arreglos para que Fernando viviera en una sala de su casa en el Este de Los Angeles, al lado de la piscina. Fernando tomaba sus comidas con Brito, su esposa, Rosa María, y sus tres hijos. Mike Brito se convirtió en su hermano mayor y los niños de Brito, los hermanitos pequeños que nunca había tenido.

A pesar de que Brito todavía era un buscatalentos, pidió que lo relevaran de sus obligaciones de viajar en nombre de los Dodgers para permanecer cerca de Fernando. Pero Fernando ha encontrado otras amistades también entre sus compañeros de béisbol, especialmente Pepe Frías. La vida en la calle le era semejante a la vida casera. Se pasaba la mayoría del tiempo en el cuarto de su hotel o en el parque de béisbol. La vida de Fernando ha cambiado pero Fernando no. "Es el mismo que el primer día que lo conocí," dice Brito.

El pasatiempo favorito de Fernando, como lo han de haber adivinado, es comer. Su comida favorita es el biftec neoyorquino. También le gustan las pizzas, las tortillas y la cerveza, razón por la cual los Dodgers lo han puesto en una dieta.

Después de la comida, lo que más prefiere Fernando es sentarse en frente de la televisión. Ve los programas en inglés o en español, pero su pasión son los muñequitos. Su favorita es "La Pantera Rosada," unos muñequitos sin diálogo. Ha aprendido bastante inglés a través de la televisión y por medio de las cartuchos que Brito le ha regalado. Fernando entiende lo que escucha pero es tímido para hablar. A menudo, es muy tímido en hablar su propia lengua.

En términos recreativos más activos, a Fernando le gusta mucho jugar billar. Y es un buen jugador. Antes que se hiciera tan famoso, él y Brito jugaban después del partido y el que perdía tenía que pagar la cena de esa noche. Al poco tiempo, hasta ese sencillo gusto se le negaba. La multitud se le acercaba tan cerca que no había ni siquiera suficiente lugar para empolvar el taco.

Como siempre lo ha sido, su casa verdadera es el parque de béisbol. Sus compañeros, los Dodgers, se han apegado a su joven compañero. Gozan de su inocencia, de su despreocupación. Él y Tom Lasorda se divierten bromeando en el cobertizo de espera; Lasorda tratando de reventar el globo de goma que Fernando ha inflado, el que parece ser una extensión de la boca de Fernando. Una vez, cuando Lasorda bromeaba con Fernando, el joven le gritó a su dirigente, "¡Siete y cero!" refiriéndose a su récord en esa ocasión. Lasorda se echó a reir a carcajadas.

"No es posible encontrar un joven de mejores cualidades," dijo Lasorda de Fernando. "Es silencioso, pone atención a lo que uno dice, y todo el equipo lo ha adoptado. Nunca he oído nada que no sea un cumplido. Y es muy paciente; conozco poca gente que pueda soportar lo que él tiene que soportar, especialmente a su edad tan joven."

La preocupación más grande de Fernando no es cómo lanzar la pelota a Dave Parker sino cómo tratar con la prensa. Como tan pocos periodistas hablan español, las revistas y periódicos han tenido que buescar sus reporteros hispanos que lo cubran. "A nadie se negará," dice su compañero Reggie Smith, "es un joven muy bueno."

Hay otro grupo de personas que lo persiguen también. Pero a él no le importa mucho. En el deporte de béisbol los llamados "Groupies" son algo que se acepta; y Fernando ha adquirido más admiradoras femeninas de lo que esperaba. Siempre hay grupos de mujeres esperando después de una partida para encontrar la oportunidad de conocerlo. Otras vienen a la casa de Brito. El se lleva con ellas; no tiene vergüenza. Dice Brito, "No las culpo. Si yo fuera una muchacha, yo también lo seguiría. ¿Conoce Ud. a algún joven que tenga tal futuro delante de sí como el de él?"

Los Filis, los Bravos y los Cachorros han comprobado que es humano. También han mostrado que su popularidad es más profunda que el entusiasmo por una racha de victorias. A pesar de sus dos pérdidas, el partido con los Cachorros atrajo más de 30,000 personas, tres veces más que el promedio durante la temporada. Y aunque Fernando fue derrotado en Chicago, jugando sólo cuatro entradas, la venta de boletos para el siguiente partido en St. Louis mostró que más del promedio de fanáticos darían la bienvenida a Fernando en el estadio de Busch.

Mike Brito tiene razón. Hay muy pocos jóvenes con un futuro tan optimista como él de Fernando Valenzuela.

¡Olé!

# Capítulo 10

"Es la Casa Blanca llamando al *Sr. Venezuela*." La secretaria de prensa en la oficina de los Dodgers no se molestó en corregir el nombre. No podría haber otro receptor de esa llamada, y no estaba presente para tomarla.

Pero el mensaje se entregó. "Fernandomanía" había llegado a la estratósfera de la política internacional; Fernando, el embajador de buena voluntad del mundo del béisbol, sería honrado por sus dos más ilustres fanáticos, los dirigentes de estado de los Estados Unidos y de México. Fernando fue invitado a un almuerzo con los presidentes Ronald Reagan y López Portillo el 9 de junio.

El horario social de Fernando no afectó el giro de su lanzamiento. Viajó por avión desde Chicago hasta Washington después del partido con los Cachorros, y de Washington a St. Louis después del almuerzo, un horario verdadero de "jet-set" para un joven de Etchohuaquila.

Los compañeros de Fernando tenían solamente una pregunta para él cuando se reunió con ellos: "¿Cuántas fotografías autografiadas de Ronnie Reagan son necesarias para intercambiar por una de Fernando?"

## ABOUT THE AUTHOR

MIKE LITTWIN is 32 years old and a graduate of the University of Virginia. He worked for the *Newport News Time Herald,* and the *Virginia Pilot* in Norfolk before coming to the *Los Angeles Times* where he wrote about the Los Angeles Dodgers for two years and is currently a sports feature writer.

MIKE LITTWIN , de 32 años de edad, se graduó de la Universidad de Virginia. En Norfolk, trajabó en el periódico *Newport News* antes de trabajar para el *Los Angeles Times* donde se dedicó a escribir sobre los Dodgers por dos años. Ahora escribe principalmente artículos especiales.

## ABOUT THE TRANSLATOR

JULIÁN REYNA, originally from Illinois, has lived many years in southern California. He has advanced degrees from the University of Southern California and is an active member of the American Translators Association.

JULIÁN REYNA, oriundo del estado de Illinois, ha pasado muchos años en el sur de California. Posee títulos de la Universidad del Sur de California y es miembro activo de la Asociación de Traductores Americanos.

# THE PRIVATE LIVES BEHIND PUBLIC FACES

These biographies tell the personal stories of these well-known figures recounting the triumphs and tragedies of their public and private lives.

| | | |
|---|---|---|
| ☐ 13592 | CHANGING  Liv Ullmann | $2.75 |
| ☐ 14858 | THE SECRET LIFE OF TYRONE POWER | $2.95 |
| ☐ 20416 | HAYWIRE  Brooke Hayward | $3.25 |
| ☐ 14862 | THE TWO LIVES OF ERROL FLYNN  Michael Freedland | $2.95 |
| ☐ 14130 | GARY COOPER: INTIMATE BIOGRAPHY Hector Arce | $2.75 |
| ☐ 13824 | ELVIS: PORTRAIT OF A FRIEND  Lackers & Smith | $2.95 |
| ☐ 12942 | JOAN CRAWFORD: A Biography  Bob Thomas | $2.75 |
| ☐ 14677 | MONTGOMERY CLIFT: A Biography  Patricia Bosworth | $3.50 |
| ☐ 13030 | SOPHIA: Living and Loving, Her Own Story  A. E. Hotchner | $2.75 |
| ☐ 20121 | STRAWBERRY FIELDS FOREVER! John Lennon Remembered Garbarine & Cullman | $2.95 |
| ☐ 14038 | RAGING BULL  LaMotta with Carter | $2.50 |
| ☐ 14551 | AN UNFINISHED WOMAN  Lillian Hellman | $2.75 |

# RELAX!
## SIT DOWN
## and Catch Up On Your Reading!

| | | | |
|---|---|---|---|
| ☐ | 13317 | **HAMMERSTRIKE** by Walter Winward | $2.95 |
| ☐ | 14300 | **THE BOURNE IDENTITY** by Robert Ludlum | $3.75 |
| ☐ | 14733 | **THE CHANCELLOR MANUSCRIPT** by Robert Ludlum | $3.50 |
| ☐ | 13098 | **THE MATARESE CIRCLE** by Robert Ludlum | $3.50 |
| ☐ | 14775 | **THE HOLCROFT COVENANT** by Robert Ludlum | $3.50 |
| ☐ | 13743 | **MADE IN AMERICA** by Peter Maas | $2.50 |
| ☐ | 14140 | **SMILEY'S PEOPLE** by John Le Carre | $3.50 |
| ☐ | 13863 | **THE DEVIL'S ALTERNATIVE** by Frederick Forsyth | $3.50 |
| ☐ | 13801 | **THE FORMULA** by Steve Shagan | $2.75 |
| ☐ | 14396 | **TRINITY** by Leon Uris | $3.95 |
| ☐ | 13899 | **THE MEDITERRANEAN CAPER** by Clive Cussler | $2.75 |
| ☐ | 14054 | **STORM WARNING** by Jack Higgins | $2.75 |
| ☐ | 13880 | **RAISE THE TITANIC!** by Clive Cussler | $2.75 |
| ☐ | 12810 | **VIXEN 03** by Clive Cussler | $2.75 |
| ☐ | 14625 | **SNOW FALCON** by Craig Thomas | $2.95 |
| ☐ | 14033 | **ICE!** by Arnold Federbush | $2.50 |
| ☐ | 20161 | **FIREFOX** by Craig Thomas | $2.95 |
| ☐ | 14679 | **WOLFSBANE** by Craig Thomas | $2.75 |
| ☐ | 14757 | **THE ODESSA FILE** by Frederick Forsyth | $3.50 |

# BE A WINNER
# IN THE RACE FOR
# FITNESS

These physical fitness titles give every member of the family the guidance they need for getting in shape and keeping fit. Choose the program most suited to you whether it be yoga, jogging, or an exercise routine. You'll feel better for it.

| | | | |
|---|---|---|---|
| ☐ | 14418 | **DR. SHEEHAN ON RUNNING** George A. Sheehan | $2.75 |
| ☐ | 01275 | **ULTRAMARATHON** James Shapiro | $5.95 |
| ☐ | 14935 | **RUNNING FOR HEALTH AND BEAUTY** Kathryn Lance | $2.75 |
| ☐ | 20341 | **JAZZERCISE** Missett & Meilach | $2.75 |
| ☐ | 14390 | **LILIAS, YOGA AND YOU** Lilias Folan | $2.50 |
| ☐ | 01296 | **LISA LYON'S BODY MAGIC** Lyon & Hall | $9.95 |
| ☐ | 14490 | **AEROBICS** Kenneth H. Cooper | $2.75 |
| ☐ | 13621 | **AEROBICS FOR WOMEN** Cooper & Cooper | $2.50 |
| ☐ | 20151 | **THE AEROBICS WAY** Kenneth H. Cooper | $2.95 |
| ☐ | 14759 | **THE NEW AEROBICS** Kenneth H. Cooper | $2.75 |
| ☐ | 14377 | **CELLULITE** Nicole Ronsard | $2.95 |
| ☐ | 14976 | **THE ALEXANDER TECHNIQUE** Sara Barker | $2.50 |
| ☐ | 14771 | **INTRODUCTION TO YOGA** Richard Hittleman | $2.75 |
| ☐ | 20152 | **YOGA 28 DAY EXERCISE PLAN** | $2.95 |
| ☐ | 13296 | **WALKING!** John T. Davis | $2.25 |
| ☐ | 14485 | **90 DAYS TO SELF-HEALTH** Shealy, M.D. | $2.50 |